이 세상에서 가장 행복한 사람들은
충성을 다해 섬길 수 있는 교회가 있는 사람들입니다.

이 규 학 감독

양육시리즈 2 교회론

내가 사랑하는 교회

둘셋손잡고
HAND-IN-HAND

머리말

    하나님 나라는 마음을 다하여 교회를 사랑하고, 교회에서 맡은 직분을 하나님께서 주신 것으로 알고 귀하게 여겨, 작은 일에도 정성을 다하는 성도들로 인하여 세워지고 있습니다. 비올 시도는 본래 교회를 싫어하고 핍박하던 사람이었습니다. 그런 그가 교회가 무엇인지 알고부터 목숨을 걸고 교회를 사랑했습니다. 교회는 우리 성도들에게 축복의 통로입니다.

    복음주의의 핵심은 구원, 교회, 성령, 선교입니다. 성도의 구원은 선교를 통해 이루어지며, 하나님의 집인 교회를 통해 시작되고 교회를 통해 진행되며 그리스도의 영이신 성령을 통해 완성되어 갑니다. 복음을 머리로 이해하고 입으로 시인한다고 해서 구원받는 것은 아닙니다. 한 사람의 구원을 보증하는 것은 그의 교회 생활이며 그가 섬기는 지역교회와의 관계입니다. 성도는 교회를 통해 구원을 받으며, 교회를 통해 성장하며, 교회를 통해 하나님 나라에 이를 수 있습니다.

    우리 주님께서는 자신의 몸을 십자가에 내어주심으로 우리를 구원하셨습니다. 주님은 우리를 사랑하셔서, 죄로부터 구원하시기 위해 우리 대신 십자가에서 죽으셨습니다. 부활하신 주님은 교회를 세우셨고, 우리를 교회로 부르셨습니다. 그래서 주님은 성도들에게 주님처럼 '섬기는 교회에 죽도록 충성'하기를 원하십니다(계 2:10). 교회를 향한 충성이 곧 주님을 향한 충성이기 때문입니다. 교회는 주님께서 이 땅에 세우신 유일한 기관입니다. 교회의 머리는 주님이시고, 교회는 머리되신 주님의 몸입니다. 이 교회를 위해 충성을 다해 섬길 수 있는 성도들이 진정 행복한 분들입니다.

이 책은 7장으로 구성되어 있습니다. 사람들은 교회가 무엇인지 궁금해 합니다. 그래서 1장에서는 교회란 무엇인가에 대한 해답으로, 교회는 하나님의 집이고, 교회에 속한 사람들은 하나님의 가족임을 확인합니다. 2장에서는 교회의 주인은 사람이 아니라 예수 그리스도이심을 배웁니다. 3장에서는 교회를 세우시고 인도하시는 분은 성령 하나님이심을 확인합니다. 4장은 교회의 역사입니다. 교회는 유구한 역사와 거룩한 전통을 가지고 있습니다. 5장에서는 우리의 구원이 교회를 통해서 이루어지고, 교회를 통해서 완성된다는, 구원은 교회에만 있다는 진리를 배웁니다. 6장을 통해 교회가 하는 일이 무엇이며, 교회에 속한 성도 한 사람 한 사람이 해야 할 일이 무엇인지를 알 수 있습니다. 마지막 장은 가장 중요합니다. 성도들이 하나님 나라에 가기까지 어떻게 교회생활을 해야 할 것인가를 배웁니다. 부록에 있는 내용들은 처음 교회에 오신 분들이나 교회에 다니면서도 궁금했던 것들을 이해하는 데 도움이 될 것입니다.

하나님께서는 당신을 위해 당신이 섬기는 교회를 예비하셨습니다. 교회는 하나님의 집이며, 예수 그리스도의 몸이고, 우리는 몸인 예수 그리스도의 지체입니다. 당신이 속한 교회는 세상에 있는 거룩한 천국입니다. 당신이 속한 지역교회를 충성스럽게 섬겨 구원받은 증거를 얻어, 예수님의 장성한 분량에 이르기까지 성장하면서 하나님이 기다리는 본향에 이르시기를 바랍니다.

2022년 1월
복음으로 여러분을 섬기는
이 규 학 감독 드림

CONTENTS

첫 번째 만남

교회란 무엇인가?
교회는 하나님의 집이다

행복한 우리집

"성일아!"

"은혜야!"

서산에 해지고 땅거미가 내리면 엄마들이 아이들 부르는 소리가 여기저기서 들리고, 어둠이 오는 줄도 모르고 놀던 아이들은 엄마 목소리에 화들짝 집으로 향한다. 퇴근한 직장인들도 부지런히 집으로 간다. 가정은 하나님께서 인간에게 선물하신 가장 소중한 공동체다. 인간 세상의 가정은 본질적으로 하나님의 나라를 그 모델로 한다. 하나님 나라는 하나님의 집이다. 교회는 이 땅에 있는 하나님의 가정이다. 하나님께서 가장 아끼고 사랑하며 눈동자같이 보호하시는 곳이 하나님의 집 즉 교회이다. 이제 하나님의 집에 대해 하나하나 배워가자. 그리고 하나님 집의 가족인 우리가 해야 할 일이 무엇인지 알아보자.

> **금주 암송요절 / 에베소서 1장 3-6절**
>
> 찬송하리로다 하나님 곧 우리 주 예수 그리스도의 아버지께서 그리스도 안에서 하늘에 속한 모든 신령한 복을 우리에게 주시되 곧 창세 전에 그리스도 안에서 우리를 택하사 우리로 사랑 안에서 그 앞에 거룩하고 흠이 없게 하시려고 그 기쁘신 뜻대로 우리를 예정하사 예수 그리스도로 말미암아 자기의 아들들이 되게 하셨으니 이는 그가 사랑하시는 자 안에서 우리에게 거저 주시는 바 그의 은혜의 영광을 찬송하게 하려는 것이라

1 하나님께서 그의 자녀들을 택하신다

오늘날 온 세상에 존재하는 수많은 교회들은 어느 날 갑자기 세워진 것이 아니다. 하나님께서는 이 세상을 창조하시기 전에 하나님의 자녀가 될 사람들을 택하셨다. 그리고 택한 자녀들을 불러모아 지상에 있는 하나님 나라이며, 하나님의 집인 교회를 세우셨다.

1) 하나님께서는 ①_____에 우리를 택하셨다.

> 에베소서 1장 4절
> 곧 창세 전에 그리스도 안에서 우리를 택하사 우리로 사랑 안에서 그 앞에 거룩하고 흠이 없게 하시려고

2) 우리가 그리스도인 된 것은 창세 전에 하나님께서 우리를 ②_____하심으로 된 것이다.

> 에베소서 1장 4절
> 곧 창세 전에 그리스도 안에서 우리를 택하사 우리로 사랑 안에서 그 앞에 거룩하고 흠이 없게 하시려고

3) 하나님께서는 택한 사람들을 때가 이르면 세상에 보내(태어나게 하사) 때가 되면 예수 그리스도를 '주'로 믿게 하심으로 하나님의 ③_____로 삼으신다.

> 에베소서 1장 4-5절
> 곧 창세 전에 그리스도 안에서 우리를 택하사 우리로 사랑 안에서 그 앞에 거룩하고 흠이 없게 하시려고 그 기쁘신 뜻대로 우리를 예정하사 예수 그리스도로 말미암아 자기의 아들들이 되게 하셨으니

○ Guide

우리가 이 땅에 태어나기 전, 이 세상이 만들어지기도 전에 이미 하나님께서는 우리를 하나님의 자녀로 택하셨다. 그리고 하나님께서는 때가 이르면 우리를 세상에 태어나게 하셔서 예수 그리스도를 믿게 하심으로 그의 자녀 삼으신다. 이러한 사실은 우리 인간의 이성으로는 이해 불가능한 것이다. 창세 전의 선택은 하나님의 신비이며 구원받은 우리들에게는 복음이다.

2 택함받은 사람들이 하나님의 교회를 이룬다

하나님께서는 죄로 저주받아 죽을 수밖에 없던 우리를 자녀 삼으시기 위해 그의 아들 예수 그리스도를 십자가에서 우리를 대신해 죽게 하심으로 우리를 죄 가운데서 구원하셨다. 그리고 구원받은 사람들을 하나님의 가족으로 불러서 하나님 나라인 교회에 속하게 하신다. 하나님께서는 하나님의 나라요 예수 그리스도의 몸된 교회를 통해 구원받은 사람들을 하나님의 거룩한 백성으로 양육하신다.

1) 하나님의 ④_____란 예수 그리스도 안에서 거룩하여진 성도들을 말한다.

고린도전서 1장 2절
고린도에 있는 하나님의 교회 곧 그리스도 예수 안에서 거룩하여지고 성도라 부르심을 받은 자들과 또 각처에서 우리의 주 곧 그들과 우리의 주 되신 예수 그리스도의 이름을 부르는 모든 자들에게

☞ '거룩하여졌다'는 것은 세상에서 하나님의 것으로 구별되어 하나님의 소유가 되었다는 표현이다.

2) 하나님의 교회는 하나님께서 성도로 ⑤_____ 자들을 말하기도 한다.

고린도전서 1장 2절
고린도에 있는 하나님의 교회 곧 그리스도 예수 안에서 거룩하여지고 성도라 부르심을 받은 자들과 또 각처에서 우리의 주 곧 그들과 우리의 주 되신 예수 그리스도의 이름을 부르는 모든 자들에게

☞ 하나님께서는 세상 가운데 있는 하나님의 자녀들을 예수 그리스도의 이름으로 교회로 부르신다.

3) 예수 그리스도를 주(主)로 부르는 사람들이 모인 곳을 ⑥_____라고 한다.

고린도전서 1장 2절
고린도에 있는 하나님의 교회 곧 그리스도 예수 안에서 거룩하여지고 성도라 부르심을 받은 자들과 또 각처에서 우리의 주 곧 그들과 우리의 주 되신 예수 그리스도의 이름을 부르는 모든 자들에게

○ **Guide**

> 교회란 하나님께서 택하여 부른 사람들의 모임을 말한다. 하나님께서는 택한 사람들을 때가 되면 반드시 교회로 부르신다. 이 교회는 구약에서는 이스라엘이었고 신약에서는 각 나라 각 지역에 세워진 하나님의 교회이다. 하나님께서는 사람을 교회로 부르실 때 예수 그리스도의 피로 죄를 씻어 거룩하게 하신다.

3 교회는 성도의 어머니와 같다

교회는 신자들의 영적 생명을 양육하는 부모님의 품과 같다. 부모가 없이는 태어날 수도 없고 바르게 성장할 수도 없는 것처럼, 성도들도 교회가 없이는 그 영적 생명이 탄생하고 자랄 수가 없다. 우리는 교회의 품 안에서 태어났고, 교회에서 자랐다. 우리는 교회에서 하나님이, 예수님이, 성령님이 누구신지를 배웠고, 하나님의 말씀을 들었고, 제자의 삶이 무엇인지를 깨달았다. 하나님이 아버지인 성도에게 교회는 어머니와도 같은 존재이다.

1) 하나님은 우리의 아버지이시고, 예루살렘으로 상징되는 교회는 우리의 ⑦_____이다.

> 갈라디아서 4장 26절
> 오직 위에 있는 예루살렘은 자유자니 곧 우리 어머니라

2) 교회 안에 있는 성도는 하나님의 ⑧_____이다.

> 에베소서 2장 19절
> 그러므로 이제부터 너희는 외인도 아니요 나그네도 아니요 오직 성도들과 동일한 시민이요 하나님의 권속이라

3) 성도의 어머니 같은 교회에서 모든 사람에게 구원을 주시는 하나님의 은혜가 나타나 성도를 ⑨_____하신다.

> 디도서 2장 11-12절
> 모든 사람에게 구원을 주시는 하나님의 은혜가 나타나 우리를 양육하시되 경건하지 않은 것과 이 세상 정욕을 다 버리고 신중함과 의로움과 경건함으로 이 세상에 살고

4 교회는 그리스도와 한 몸을 이룬다

하나님께서는 택하여 부른 사람들을 그의 아들 예수 그리스도와 한 몸을 이루게 하신다. 교회는 그리스도를 머리로 하고 성도들이 몸이 되어 하나님 나라의 완성을 향해 자라 가는 유기적인 하나님 나라의 공동체이다. 그리스도와 교회가 한 몸을 이루는 진리는 하나님께서 인간에게 베푸신 가장 큰 신비이며 축복이다.

1) 하나님께서는 교회로 부르신 백성들에게 그리스도 안에서 그리스도의 피로 말미암아 구속 곧 ⑩_____의 은혜를 베풀어 주신다.

에베소서 1장 7-8절
우리는 그리스도 안에서 그의 은혜의 풍성함을 따라 그의 피로 말미암아 속량 곧 죄 사함을 받았느니라 이는 그가 모든 지혜와 총명을 우리에게 넘치게 하사

2) 구속 곧 죄 사함 받은 사람들은 그리스도 ⑪_____ 있다.

고린도전서 1장 30절
너희는 하나님으로부터 나서 그리스도 예수 안에 있고 예수는 하나님으로부터 나와서 우리에게 지혜와 의로움과 거룩함과 구원함이 되셨으니

3) 그리스도 안에 있는 교회의 성도들은 그리스도 안에서 지체가 되어 ⑫_____을 이룬다.

로마서 12장 4-5절
우리가 한 몸에 많은 지체를 가졌으나 모든 지체가 같은 기능을 가진 것이 아니니 이와 같이 우리 많은 사람이 그리스도 안에서 한 몸이 되어 서로 지체가 되었느니라

○ **Guide**

'한 몸을 이룬다'라는 성경 상의 표현은 부부가 결혼했을 때와 성도가 구원받아 예수 그리스도 안에 있다고 할 때만 쓰이는 독특한 표현이다. 한 몸을 이루는 것은 그리스도와 교회이다. 성도가 그리스도와 한 몸을 이룰 수 있는 것은 지역 교회에 속해 교회의 한 지체가 되어 있을 때이다.

5 하나님의 집을 위한 열심

죄로 얼룩진 인생을 살던 사람들이 하나님을 위해 열심을 내는 것처럼 귀하고 아름다운 것은 없다. 하나님 없이 산 인생은 의미가 없다. 사람이 하나님을 위한 삶을 시작하는 순간부터 그 사람의 인생의 역사(歷史)는 비로소 시작된다고 할 수 있다. 그런데 하나님을 위해 산다는 것은 곧 교회를 위해 산다는 것이다. 왜냐하면 교회는 하나님의 집이며 하나님의 나라이고 하나님의 아들 예수 그리스도의 몸이기 때문이다.

1) 교회는 하나님의 집이다. 하나님께서는 이 집을 그의 아들 예수 그리스도의 ⑬_____ 값 주고 사셨다.

사도행전 20장 28절
여러분은 자기를 위하여 또는 온 양 떼를 위하여 삼가라 성령이 그들 가운데 여러분을 감독자로 삼고 하나님이 자기 피로 사신 교회를 보살피게 하셨느니라

2) 그리스도께서는 이 ⑭_____를 자신의 생명보다 더 사랑하신다.

에베소서 5장 25절
남편들아 아내 사랑하기를 그리스도께서 교회를 사랑하시고 그 교회를 위하여 자신을 주심 같이 하라

3) 바울 사도는 교회가 얼마나 소중한 곳인지를 알았기에 하나님의 집인 교회를 위해 그의 생애를 아낌없이 바쳤다. 교회를 섬기는 일이 ⑮_____을 자신의 육체에 채우는 일이라 여기면서….

골로새서 1장 24-25절
나는 이제 너희를 위하여 받는 괴로움을 기뻐하고 그리스도의 남은 고난을 그의 몸된 교회를 위하여 내 육체에 채우노라 내가 교회의 일꾼 된 것은 하나님이 너희를 위하여 내게 주신 직분을 따라 하나님의 말씀을 이루려 함이니라

○ **Guide**

바울 사도는 구원받은 이후 하나님의 교회를 위해 그 힘을 다해 충성했다. 어디 바울 사도뿐인가? 아벨, 노아, 아브라함, 다윗, 12제자 등 하나님의 신실한 사람들이 하나님의 집을 위해 수고를 아끼지 아니했다. 이는 구원의 은혜에 감사함이요, 하나님께서 주실 영원한 상급을 바라보았기 때문이다(히 11:26). 이제 당신도 하나님의 교회를 위해 충성을 다한 믿음의 사람들의 반열에 서야 하지 않겠는가?

하나님의 교회를 향한 당신의 현재 모습은 어떤가?

앞으로 하나님의 교회를 어떻게 섬기고 싶은가?

6 교회는 하나다

과거에 존재했고, 현존하며, 앞으로 세워질 모든 교회는 예수 그리스도의 교회이다. 교회는 역사와 지역, 인종을 초월해서 하나이다. 주님의 교회이며, 하나님의 교회이고, 성령의 교회이기 때문이다. 에베소서 4장 5절과 6절에 "주도 한 분이시요 믿음도 하나요 세례도 하나요 하나님도 한 분이시니 곧 만유의 아버지시라"라고 했다.

○ Guide

하나 된 교회
교회에 대한 진리 중 가장 중요한 것이 지구상에 존재했고, 현존하며, 앞으로 나타날 모든 교회가 하나라는 것입니다. 하나님이 한 분이시고, 교회의 주인이 한 분이며, 성령이 한 분이시기 때문입니다. 로마교회, 동방교회, 개신교회가 하나이며, 미국, 러시아, 한국에 있는 교회가 하나입니다. 이를 공교회 혹은 보편교회라고 합니다. 개교회가 둘, 셋이 아니라 모든 교회가 오직 하나의 교회, 주님의 교회입니다. 오늘날 개교회주의로 분열된 교회가 명심해서 하나 된 교회를 이루어가야 합니다.

1) 교회는 ⑯_____이다.

에베소서 4장 4-6절
몸이 하나요 성령도 한 분이시니 이와 같이 너희가 부르심의 한 소망 안에서 부르심을 받았느니라 주도 한 분이시요 믿음도 하나요 세례도 하나요 하나님도 한 분이시니 곧 만유의 아버지시라 만유 위에 계시고 만유를 통일하시고 만유 가운데 계시도다

2) 브리스길라와 아굴라의 집에 있는 교회(고전 16:19), 눔바의 집에 있는 교회(골 4:15), 루디아의 집과 지역에 있는 교회들 모두가 주님의 교회였다. 교

회는 ⑰_____이다.

> **골로새서 4장 15-16절**
> 라오디게아에 있는 형제들과 눔바와 그 여자의 집에 있는 교회에 문안하고 이 편지를 너희에게서 읽은 후에 라오디게아인의 교회에서도 읽게 하고 또 라오디게아로부터 오는 편지를 너희도 읽으라

3) 로마에 있는 교회, 고린도에 있는 교회, 골로새에 있는 교회, 서울에 있는 교회들 모두가 주 예수 그리스도의 교회이다. 교회는 ⑱_____이다.

> **고린도전서 1장 1-2절**
> 하나님의 뜻을 따라 그리스도 예수의 사도로 부르심을 받은 바울과 형제 소스데네는 고린도에 있는 하나님의 교회 곧 그리스도 예수 안에서 거룩하여지고 성도라 부르심을 받은 자들과 또 각처에서 우리의 주 곧 그들과 우리의 주 되신 예수 그리스도의 이름을 부르는 모든 자들에게

4) 교회는 ⑲_____을 지켜야 한다.

> **에베소서 4장 3-6절**
> 평안의 매는 줄로 성령이 하나 되게 하신 것을 힘써 지키라 몸이 하나요 성령도 한 분이시니 이와 같이 너희가 부르심의 한 소망 안에서 부르심을 받았느니라 주도 한 분이시요 믿음도 하나요 세례도 하나요 하나님도 한 분이시니 곧 만유의 아버지시라 만유 위에 계시고 만유를 통일하시고 만유 가운데 계시도다

(해답)
① 창세 전 ② 택 ③ 자녀 ④ 교회 ⑤ 부르신 ⑥ 교회 ⑦ 어머니 ⑧ 권속 ⑨ 양육 ⑩ 죄 사함 ⑪ 안에 ⑫ 한 몸 ⑬ 피로 ⑭ 교회 ⑮ 그리스도의 남은 고난 ⑯ 하나 ⑰ 하나 ⑱ 하나 ⑲ 하나 되게 하신 것

첫 번째 만남을 마치면서

첫 만남 좋았어요?

7주 동안 교회에 관한 진리를 함께 배울 형제자매들과 자기소개와 인사를 나누며 오늘의 만남을 정리해 봅시다.

1. 하나님께서는 우리(나)를 언제 하나님의 자녀로 택하셨을까요?

2. 교회가 어머니라는 의미를 함께 나누어 봅시다.

3. 택함을 받은 사람들은 반드시 지역 교회에 소속되어 교회를 섬기게 됩니다. 왜 그럴까요?

수고하셨습니다.
함께 기도하고 마칩니다.

두 번째 만남

교회의 주인은 예수 그리스도이시다

주인을 잘 만나야

"주인 계세요?"

"책임자가 누구십니까?"

주인은 그가 속한 공동체에 대한 무한 책임을 지는 사람이다. 어느 공동체이든 주인을 잘 만나야 한다. 우리가 섬기는 교회의 주인은 누구일까? 하나님께서는 하나님의 집인 교회의 주인으로 예수 그리스도를 세우셨다. 교회가 교회의 주인이 주님이라는 사실을 망각하는 순간 타락하기 시작한다. 성도란 주인이 자기 자신이 아니고 예수 그리스도이심을 인정하고 주인이신 예수 그리스도의 말씀에 순종하여 사는 사람들이다. 성도들은 교회의 주인이 주님이라는 사실을 명심할 때 그 사명을 다할 수 있다.

> **금주 암송요절 / 에베소서 1장 21-23절**
>
> 모든 통치와 권세와 능력과 주권과 이 세상뿐 아니라 오는 세상에 일컫는 모든 이름 위에 뛰어나게 하시고 또 만물을 그의 발 아래에 복종하게 하시고 그를 만물 위에 교회의 머리로 삼으셨느니라 교회는 그의 몸이니 만물 안에서 만물을 충만하게 하시는 이의 충만함이니라

1 교회의 머리는 그리스도이시다

교회를 실질적으로 다스리시는 분은 그리스도이시다. 주님은 교회를 세우신 분이시며 교회의 주인이시다. 교회의 머리 되시는 주님은 만물의 머리이시기도 하다. 그러므로 교회는 만물을 충만케 하시는 주님의 충만으로 충만한 곳이다.

1) 우리 주 예수 그리스도는 교회의 ①_____이시다.

골로새서 1장 18절
그는 몸인 교회의 머리시라 그가 근본이시요 죽은 자들 가운데서 먼저 나신 이시니 이는 친히 만물의 으뜸이 되려 하심이요

2) 주님은 천하 만물의 ②_____이시다. 이는 만 천하의 주인이 주님이시라는 것이다.

골로새서 1장 18절
그는 몸인 교회의 머리시라 그가 근본이시요 죽은 자들 가운데서 먼저 나신 이시니 이는 친히 만물의 으뜸이 되려 하심이요

3) 교회와 온 천하 만물은 머리이신 그리스도께 절대적으로 ③_____해야 한다.

에베소서 1장 22절
또 만물을 그의 발 아래에 복종하게 하시고 그를 만물 위에 교회의 머리로 삼으셨느니라

○ Guide

교회와 성도들은 주님께서 주신 복음의 권세를 가지고 세상이 주님께 복종하도록 해야 한다. 복음의 권세는 말씀의 권세이며, 말씀으로 세상을 섬기는 권세이며 사망을 이기는 권세이다. 말씀의 권세 앞에 사망, 질병, 사탄의 권세가 항복한다. 주님께서는 이 권세를 교회에만 맡기셨다. 그런데 주님께서 교회에 주신 권세는 교회가 주님께 헌신하는 것에 비례해서 나타난다.

2 교회는 그리스도의 몸이다

그리스도가 교회의 머리라면 당연히 교회는 그리스도의 몸이다. 이 사실은 교회의 주인, 성도들의 주인이 사람이 아닌 그리스도이시라는 것을 말한다. 당연히 교회는 주인이며 머리이신 그리스도께 온전한 순종을 드림으로 그 사명을 다할 수 있다.

1) 하나님께서는 모든 정사와 권세, 이 세상과 오는 세상의 모든 만물을 그리스도께 ④_____케 하심으로 그리스도로 천하의 주가 되게 하셨다.

에베소서 1장 21-23절
모든 통치와 권세와 능력과 주권과 이 세상뿐 아니라 오는 세상에 일컫는 모든 이름 위에 뛰어나게 하시고 또 만물을 그의 발 아래에 복종하게 하시고 그를 만물 위에 교회의 머리로 삼으셨느니라 교회는 그의 몸이니 만물 안에서 만물을 충만하게 하시는 이의 충만함이니라

2) 하나님께서는 이 그리스도로 ⑤_____의 머리를 삼으셨다.

골로새서 1장 18절
그는 몸인 교회의 머리시라 그가 근본이시요 죽은 자들 가운데서 먼저 나신 이시니 이는 친히 만물의 으뜸이 되려 하심이요

☞ 교회의 머리 되신 주님께서는 우리 죄를 대신해서 십자가에서 죽으셨다가 다시 사심으로 교회의 주, 우리의 주가 되셨다.

3) 교회는 그리스도의 ⑥_____이다.

에베소서 1장 23절
교회는 그의 몸이니 만물 안에서 만물을 충만하게 하시는 이의 충만함이니라

O Guide

인류 역사는 하나님의 의도에 따라 진행되어 간다. 따라서 하나님의 관심이 어디에 있는가를 아는 것이 중요하다. 하나님의 가장 큰 관심은 미국에 있는 것도 아니고, 국회 의사당에 있는 것도 아니다. 하나님의 최고의 관심은 교회에 있다. 교회는 하나님의 아들이신 예수 그리스도의 몸으로 이 땅에 존재하기 때문이며 하나님께서는 교회를 통해 하나님의 뜻을 이루시기 때문이다. 성도가 교회를 섬길 때 하나님께서는 그 성도에게 최고의 관심을 나타내신다. 하나님의 지대한 관심 속에 살아가는 성도가 참 성도이다.

3 그리스도의 몸인 성도에게는 사명이 있다

성도들은 그리스도의 몸을 이루어 가는 하나하나의 소중한 지체들이다. 한 사람 한 사람이 모여 피차 사랑하고 섬김으로 주님의 몸인 교회를 이루어 간다. 한 사람 한 사람이 교회에서 맡은 사명을 다할 때 성도는 복을 받고 교회는 든든히 세워져 간다.

1) 성도는 그리스도 안에서 ⑦ _____ 부르심을 받았으니 피를 나눈 형제보다 더한 사이이다.

골로새서 3장 15절
그리스도의 평강이 너희 마음을 주장하게 하라 너희는 평강을 위하여 한 몸으로 부르심을 받았나니 너희는 또한 감사하는 자가 되라

2) 그리스도의 몸인 지체들은 서로 ⑧_____하는 것이 마땅하다.

요한일서 4장 11절
사랑하는 자들아 하나님이 이같이 우리를 사랑하셨은즉 우리도 서로 사랑하는 것이 마땅하도다

3) 바울 사도는 교회를 섬기느라 죽을 고생을 했다. 그러면서도 바울의 뇌리에선 한시도 교회를 위한 ⑨_____가 떠나지 않을 만큼 교회를 사랑했다. 그리스도의 몸의 지체인 성도의 가장 귀하고 아름다운 사명은 그리스도의 몸인 교회를 위해 사는 것이다.

고린도후서 11장 25-29절
세 번 태장으로 맞고 한 번 돌로 맞고 세 번 파선하고 일 주야를 깊은 바다에서 지냈으며 여러 번 여행하면서 강의 위험과 강도의 위험과 동족의 위험과 이방인의 위험과 시내의 위험과 광야의 위험과 바다의 위험과 거짓 형제 중의 위험을 당하고 또 수고하며 애쓰고 여러 번 자지 못하고 주리며 목마르고 여러 번 굶고 춥고 헐벗었노라 이 외의 일은 고사하고 아직도 날마다 내 속에 눌리는 일이 있으니 곧 모든 교회를 위하여 염려하는 것이라 누가 약하면 내가 약하지 아니하며 누가 실족하게 되면 내가 애타지 아니하더냐

○ Guide

기꺼이, 자원해서 목숨을 걸만한 일이 있다면 얼마나 좋을까? 바울 사도에게는 최소한 다음과 같은 위기가 있었는데 모두 목숨을 위태롭게 하는 것들이었다(고후 11:23-27).

여러 차례 투옥되어 맞아 죽을 뻔함.
유대인들에게 맞아 죽을 뻔함.
태장에 맞아 죽을 뻔함.
돌에 맞아 죽을 뻔함.
배가 파선하여 바다에 빠져 죽을 뻔함
강에 빠져 죽을 뻔함.
강도 만나 죽을 뻔함.
타지방 사람들의 텃세로 죽을 뻔함.
거짓 형제들에 의해 죽을 뻔함.
추워 동사할 뻔함.
굶어 죽을 뻔함.
옷이 없어 거지가 됨.
잠을 자지 못해 죽을 뻔함.

그런데 바울 사도는 이 모든 위기를 교회를 섬기는 일 때문에 기꺼이 감수했다. 오히려 이러한 고난을 주신 하나님께 진심으로 감사했다. 예수 그리스도께서 자신에게 남겨주신 커다란 선물이라고 여기며 감사했다(골 1:24). 그토록 바울 사도에게 있어서 교회는 소중한 것이었다. 왜? 교회는 예수 그리스도의 몸, 즉 예수 그리스도였기 때문이다. 그렇다! 교회는 예수 그리스도이시다! 교회를 향한 애정이 주님을 향한 애정이다. 교회를 향한 헌신이 주님을 향한 헌신이다.

하나님께 받은 은혜를 기록해 보라.

교회를 위해 헌신한 당신의 경험을 기록해 보라.

(해답)
① 머리 ② 으뜸 ③ 복종 ④ 복종 ⑤ 교회 ⑥ 몸 ⑦ 한 몸으로 ⑧ 사랑
⑨ 염려

두 번째 만남을 마치면서

배운 것을 잘 실천하는 것이 중요합니다.

1. 오늘 배운 내용 중 가장 절실하게 실천해야 하겠다고 생각되는 것은 무엇입니까?

2. 교회의 주인이 예수님이라면 교회는 주님께 어떤 자세를 가져야 할까요?

3. 교회의 주인이 예수님이라면 성도들은 교회에 대해 어떤 자세를 가져야 할까요?

교회가
주님께서 가르치신 바른 길로 가는 것은 참으로 중요합니다.
성도들은 소속한 교회의 사역에 순종함으로 동참하는 것이 중요합니다.
무엇보다 중요한 것은 서로 돌아보아 사랑하는 것!

세 번째 만남

교회는 성령의 전이다

성령께 붙잡힌 사람

교회는 이 땅에 세워진 하나님의 나라다. 하나님 나라인 교회는 삼위 하나님이신 성령께서 사시는 성전이다. 성령께서 교회에 사시면서 교회를 세워 가신다. 성령은 예수께서 보내셨으니 예수의 영이시며, 교회를 세워 가시기에 교회의 영이시다. 성령에 붙잡힌 사람들, 성령 충만한 사람들이 성령께서 교회를 세워 가시는 영광스러운 일에 함께 참여한다. 성도의 영광은 하나님과 동행함인바, 이는 성령에 붙잡혀 교회를 섬기는 모습으로 나타난다.

금주 암송요절 / 사도행전 2장 1-4절

오순절날이 이미 이르매 저희가 다 같이 한 곳에 모였더니 홀연히 하늘로부터 급하고 강한 바람 같은 소리가 있어 저희 앉은 온 집에 가득하며 불의 혀 같이 갈라지는 것이 저희에게 보여 각 사람 위에 임하여 있더니 저희가 다 성령의 충만함을 받고 성령이 말하게 하심을 따라 다른 방언으로 말하기를 시작하니라

1 교회는 성령께서 사시는 성전(聖殿)이다

성 삼위 하나님은 창조주이시며, 천지간에 충만하신 분이시고 영이시기 때문에 인간처럼 집에 계실 필요는 없다. 그럼에도 불구하고 하나님께서는 인간이 사는 곳에 자신도 함께 사시기로 하셨다. 하나님께서 성령으로 성막, 예루살렘 성전, 스룹바벨 성전, 헤롯 성전, 회당, 교회, 성도 안에 계신다.

1) 성소(성막) 교회

출애굽한 이스라엘 백성들이 광야에서 천막을 치고 살 때 하나님께서 자기 백성들 중에 거할 ①_____를 만들라고 하셨고, 이는 성막이라고도 하는 최초의 교회다.

출애굽기 25장 8-9절
내가 그들 중에 거할 성소를 그들이 나를 위하여 짓되 무릇 내가 네게 보이는 모양대로 장막을 짓고 기구들도 그 모양을 따라 지을지니라

O **Guide**

> 성막(Tabernacle)은 하나님께서 영으로 거하신 이동식 성소로(출 25:8) 이스라엘 백성이 하나님께 제사 드리던 장소이다. 하나님이 이스라엘 백성들과 만나는 곳이어서 회막이라고도 하였고(출 27:21), 장막(출 25:9), 증거막(출 38:21), 여호와의 성막(민 16:9), 증거의 장막(행 7:44), 성소(출 25:8), 여호와의 집(삼상 1:7), 세상에 속한 성소(히 9:1)라고도 불렸다. 성막은 이스라엘 백성과 광야에 있다가, 가나안에 들어가서 실로(수 18:1)에 세워졌다. 솔로몬이 성전을 건축하면서 성막은 성전으로 대치되었다(왕상 8:1-4). 성막은 예수 그리스도를 상징했고, 교회의 원형이다.

2) 솔로몬성전 교회

이스라엘 백성들이 가나안에 정착하고, 나라를 이루었을 때 다윗이 하나님

의 집을 건축할 준비를 했고, 다윗의 아들 솔로몬이 지은 하나님의 집을 솔로
몬 ②_____이라고 합니다. 솔로몬 성전은 이스라엘의 교회입니다.

> **열왕기상 8장 11-15절**
> 제사장이 그 구름으로 말미암아 능히 서서 섬기지 못하였으니 이는 여호와의 영
> 광이 여호와의 성전에 가득함이었더라 그 때에 솔로몬이 이르되 여호와께서 캄캄
> 한 데 계시겠다 말씀하셨사오나 내가 참으로 주를 위하여 계실 성전을 건축하였
> 사오니 주께서 영원히 계실 처소로소이다 하고 얼굴을 돌이켜 이스라엘의 온 회
> 중을 위하여 축복하니 그 때에 이스라엘의 온 회중이 서 있더라 왕이 이르되 이스
> 라엘의 하나님 여호와를 송축할지로다 여호와께서 그의 입으로 내 아버지 다윗에
> 게 말씀하신 것을 이제 그의 손으로 이루셨도다

○ **Guide**

> 여호와는 다윗과 솔로몬이 성전을 짓도록 허락했다. 만일 그들이 언약을 지킨
> 다면 하나님께서 그들을 축복할 것이고 그들과 함께 있을 것이다. 그러나 만일
> 그들이 언약을 지키지 않는다면 성전을 파괴하실 것이라고 말씀하셨고(왕상
> 9:1-9), 이스라엘이 범죄하자 하나님께서는 바벨론을 통해 솔로몬 성전을 허셨
> 고, 이스라엘이 바벨론으로 포로로 잡혀가게 하셨다.

3) 스룹바벨 성전 교회

바벨론으로 포로로 끌려갔던 이스라엘 백성들이 귀국하여 지은 성전이 스룹바
벨 성전이다. 스룹바벨 성전의 외모는 솔로몬 성전에 비해 초라했으나, 그 영광
은 이전 솔로몬 성전의 영광보다 크리라고 하셨다. ③_____ 성전은 이스라엘
이 바벨론 포로에서 돌아와 세운 교회이다.

> **학개 2장 4-9절**
> 4. 그러나 여호와가 이르노라 스룹바벨아 스스로 굳세게 할지어다 여호사닥의 아
> 들 대제사장 여호수아야 스스로 굳세게 할지어다 여호와의 말이니라 이 땅 모든
> 백성아 스스로 굳세게 하여 일할지어다 내가 너희와 함께 하노라 만군의 여호와
> 의 말이니라 7. 내가 이 성전에 영광이 충만하게 하리라 만군의 여호와의 말이니
> 라 9. 이 성전의 나중 영광이 이전 영광보다 크리라 만군의 여호와의 말이니라 내
> 가 이 곳에 평강을 주리라 만군의 여호와의 말이니라

4) 성전의 실체이신 예수 그리스도의 몸인 교회

헤롯은 그의 정치적 목적을 위해 초라해 보이는 스룹바벨 성전 대신 엄청난 규모의 헤롯 성전을 지었다. 예수님은 이 ④_____을 헐고 사흘만에 성전을 다시 세우겠다고 하셨다. 예수님은 성막, 솔로몬 성전, 스룹바벨 성전을 통해 상징으로 보여준 성전의 실체이며, 교회이다.

> 요한복음 2장 19-21절
> 예수께서 대답하여 이르시되 너희가 이 성전을 헐라 내가 사흘 동안에 일으키리라 유대인들이 이르되 이 성전은 사십육 년 동안에 지었거늘 네가 삼 일 동안에 일으키겠느냐 하더라 그러나 예수는 성전된 자기 육체를 가리켜 말씀하신 것이라

○ **Guide**

> **모퉁잇돌(Cornerstone)**
> 구약성경에 나오는 돌은 대부분 메시아이신 예수 그리스도를 상징한다. 다니엘이 본 바벨론을 부수고 큰 산을 이룬 돌(단 2:34-35, 44-45), 건축자들이 버린 모퉁잇돌(시 118:22-23), 시온에 놓을 기촛돌(사 28:16) 등이 모두 예수님을 상징한다. 예수님은 자신을 건축자들이 버린 모퉁잇돌, 즉 메시아로 소개하셨다(마 21:42-46).

5) 성도는 성전 그리고 교회

성막, 솔로몬 성전, 스룹바벨 성전은 결국 교회이신 예수님이다. 그런데 성경은 구원받아 예수님과 한 몸을 이룬 성도를 ⑤_____이라고 합니다. 사람이 예수 믿을 때 성령이 임하고, 성령 받은 성도는 성령이 계시는 성령의 전이며, 교회이다.

> 고린도전서 3장 16절
> 너희는 너희가 하나님의 성전인 것과 하나님의 성령이 너희 안에 계시는 것을 알지 못하느냐

2 오순절에 성령이 오시고 교회가 탄생했다

주님께서 세우신 교회가 실질적으로 예루살렘으로부터 시작하여 땅끝까지 폭발적으로 세워져 간 것은 오순절 성령께서 임하심으로다. 오순절에 임하신 성령은 삼위 하나님이신 성령 하나님이시다. 성령 하나님께서는 부름을 받은 하나님의 백성들과 함께 하나님의 교회를 세워 가신다.

1) 하나님께서는 말세에 모든 믿는 사람들에게 하나님의 영인 ⑥_____을 부어주실 것이라고 약속하셨다.

사도행전 2장 17절
하나님이 말씀하시기를 말세에 내가 내 영을 모든 육체에 부어 주리니 너희의 자녀들은 예언할 것이요 너희의 젊은이들은 환상을 보고 너희의 늙은이들은 꿈을 꾸리라

○ Guide

말세란 구약에서 예언된 메시아(그리스도)의 오심으로부터 다시 오실 때(재림 시)까지를 말한다. 즉 신약교회 시대를 말세라고 한다. 이때 하나님께서는 예수 믿는 사람들에게 하나님의 영, 예수의 영이신 성령을 부어주실 것이다. 성령을 받은 사람들은 하나님 나라에 관해서 예언할 것이며, 환상(비전)을 보고, 꿈을 꿀 것이다. 그리고 하나님께서는 성령을 받은 사람들에게 보여주신 예언, 환상, 꿈을 친히 이루실 것이다.

2) 주님께서는 보혜사 ⑦_____을 보내시겠다고 약속하셨다.

요한복음 16장 7절
그러나 내가 너희에게 실상을 말하노니 내가 떠나가는 것이 너희에게 유익이라 내가 떠나가지 아니하면 보혜사가 너희에게로 오시지 아니할 것이요 가면 내가 그를 너희에게로 보내리니

○ **Guide**

> 주님께서 십자가에서 죽으시고 부활하심의 결과로 성령께서 오셨다. 때문에 성령은 예수의 영이시다. 성령은 예수를 믿게 하고 예수를 증거하고, 성도들에게 예수의 권능을 주시는 분이시다.

3) 하나님께서는 오순절날 약속하신 ⑧_____을 이 땅에 보내셨다.

사도행전 2장 1-4절

오순절 날이 이미 이르매 그들이 다같이 한 곳에 모였더니 홀연히 하늘로부터 급하고 강한 바람 같은 소리가 있어 그들이 앉은 온 집에 가득하며 마치 불의 혀처럼 갈라지는 것들이 그들에게 보여 각 사람 위에 하나씩 임하여 있더니 그들이 다 성령의 충만함을 받고 성령이 말하게 하심을 따라 다른 언어들로 말하기를 시작하니라

○ **Guide**

> 주님께서 유월절 전날 밤 제자들과 마지막 만찬을 드시고 유월절 날 잡히셔서 십자가에 돌아가셨다. 돌아가신 지 3일 만에 부활하셨다가 40일 동안 제자들과 함께 계시다가 승천하셨다. 주님께서 승천하신 지 일주일 만에, 주님께서 십자가에서 죽으신 지 오십일째인 오순절에 성령께서 오신 것이다. 오순절은 유월절 이후 50일째 되는 날로써 첫 수확을 감사하는 절기이다. 오순절에 성령께서 오심으로 하나님께 속한 사람들의 수확 즉 추수가 시작되면서 교회가 세워지기 시작한 것이다.

3 성령께서 교회를 세워 가신다

하나님의 신이시며 예수의 영이신 성령께서 그리스도의 교회를 세워 가신다. 성령께서는 교회의 직분자들을 세워 교회를 조직하신다. 성령께서는 성도들과 함께 예수 그리스도의 교회를 복음 전도를 위해 이끌어 가시며 교회를 부흥시켜 가신다.

1) ⑨_____께서 교회를 든든히 세워 가시고 부흥시키신다.

사도행전 9장 31절
그리하여 온 유대와 갈릴리와 사마리아 교회가 평안하여 든든히 서 가고 주를 경외함과 성령의 위로로 진행하여 수가 더 많아지니라

2) 성령께서 교회의 ⑩_____를 임명하신다.

사도행전 20장 28절
여러분은 자기를 위하여 또는 온 양 떼를 위하여 삼가라 성령이 그들 가운데 여러분을 감독자로 삼고 하나님이 자기 피로 사신 교회를 보살피게 하셨느니라

○ **Guide**

성령께서는 교회를 세우시고 교회의 직분자를 세우신다. 성령께서 일곱 집사를 세우심으로(행 6:1-6) 교회의 일꾼인 집사를 세우시기 시작하셨다. 그리고 교회를 섬겨 세워 가게 하시려고 직분자(목사, 장로, 권사, 집사, 교사 등)를 세우신다. 성도를 교회로 부르시는 분도 성령님이시고, 불러 직분을 맡기시는 분도 성령님이시다. 직분은 성령 하나님께서 주신 직분이기 때문에 세상 어느 직분보다 소중하다. 그런 만큼 직분자들은 하나님께서 교회를 통해 주신 직분을 잘 감당해야 할 것이다. 맡은 자들에게 구할 것은 충성이다(고전 4:2).

3) 성령께서는 교회들에게 ⑪_____을 중심으로 사망에서 생명에 이르게
하신다.

요한계시록 2장 11절
귀 있는 자는 성령이 교회들에게 하시는 말씀을 들을지어다 이기는 자는 둘째 사
망의 해를 받지 아니하리라

○ Guide

> 성령께서는 말씀을 통해 역사하신다. 하나님의 말씀은 설교(케류그마)와 성경
> 공부(디다케)를 통해 전파된다. 따라서 성도는 하나님의 말씀을 듣고 배우는
> 일과 행하는 일에 열심을 내야 한다.

4 성령께서 교회를 세워 가시는 증거들

    사도행전은 성령 하나님께서 사도들을 통해 역사하시는 성령행전이다. 성령께서는 그의 종들을 통해 주도적으로 교회를 세워 가시는 일을 하신다. 복음을 전하는 일, 선교사를 파송하는 일 등의 교회 사역을 주도적으로 진행해 가신다. 사도들과 성도들은 단지 성령께 순종할 뿐이다.

    1) 성령께서는 빌립을 통해 에디오피아인에게 복음전도를 명하심으로 에디오피아에 ⑫_____가 세워지게 하셨다.

> **사도행전 8장 27-30절**
> 일어나 가서 보니 에디오피아 사람 곧 에디오피아 여왕 간다게의 모든 국고를 맡은 관리인 내시가 예배하러 예루살렘에 왔다가 돌아가는데 수레를 타고 선지자 이사야의 글을 읽더라 성령이 빌립더러 이르시되 이 수레로 가까이 나아가라 하시거늘 빌립이 달려가서 선지자 이사야의 글 읽는 것을 듣고 말하되 읽는 것을 깨닫느냐

    2) 성령께서는 베드로를 통하여 이방의 고넬료에게 복음을 전하게 하시고 ⑬_____를 세우셨다.

> **사도행전 10장 17-20절**
> 베드로가 본 바 환상이 무슨 뜻인지 속으로 의아해 하더니 마침 고넬료가 보낸 사람들이 시몬의 집을 찾아 문 밖에 서서 불러 묻되 베드로라 하는 시몬이 여기 유숙하느냐 하거늘 베드로가 그 환상에 대하여 생각할 때에 성령께서 그에게 말씀하시되 두 사람이 너를 찾으니 일어나 내려가 의심하지 말고 함께 가라 내가 그들을 보내었느니라 하시니

3) 성령께서는 안디옥 교회의 선지자들에게 명하여 바울과 바나바를 온 이방에 ⑭_____를 세우기 위한 선교사로 파송하게 하셨다.

사도행전 13장 1-3절
안디옥 교회에 선지자들과 교사들이 있으니 곧 바나바와 니게르라 하는 시므온과 구레네 사람 루기오와 분봉 왕 헤롯의 젖동생 마나엔과 및 사울이라 주를 섬겨 금식할 때에 성령이 이르시되 내가 불러 시키는 일을 위하여 바나바와 사울을 따로 세우라 하시니 이에 금식하며 기도하고 두 사람에게 안수하여 보내니라

4) 성령께서는 바울로 하여금 ⑮_____에서 말씀을 전하지 못하게 하시고 마게도냐로 향하게 하셨다.

사도행전 16장 6-9절
성령이 아시아에서 말씀을 전하지 못하게 하시거늘 그들이 브루기아와 갈라디아 땅으로 다녀가 무시아 앞에 이르러 비두니아로 가고자 애쓰되 예수의 영이 허락하지 아니하시는지라 무시아를 지나 드로아로 내려갔는데 밤에 환상이 바울에게 보이니 마게도냐 사람 하나가 서서 그에게 청하여 이르되 마게도냐로 건너와서 우리를 도우라 하거늘

○ **Guide**

> 빌립, 베드로, 바울과 바나바는 스스로의 의지로 복음을 전하려 했던 것은 아니다. 성령께서 그들을 붙들어서 복음을 전하게 하셨다. 이는 복음전도의 주권, 교회를 세워 가시는 원동력이 사람에게 있지 않고 하나님께 있음을 분명히 알게 해준다. 교회를 세워 가는 일은 전적으로 하나님의 일이다. 성도는 교회를 세워 가는 하나님의 일에 전적으로 순종할 뿐이다.

5 성령 충만하라

　성령께서는 부르신 성도들을 하나님의 나라를 위해 쓰시고 싶어 한다. 성령에 붙들려 쓰임받는 성도의 삶보다 귀한 것은 없다. 성령으로 충만하라. 성령에 붙들려 살아라. 하나님 나라를 위해 귀하게 쓰임받는 성도가 되라.

　1) 성령이 임하면　⑯_____을 받고 예루살렘과 유대와 사마리아와 땅 끝까지 이르러 예수의 증인이 된다.

> 사도행전 1장 8절
> 오직 성령이 너희에게 임하시면 너희가 권능을 받고 예루살렘과 온 유대와 사마리아와 땅 끝까지 이르러 내 증인이 되리라 하시니라

○ Guide

> 성령을 받으면 반드시 예수의 증인이 된다. 집에서, 직장에서, 학교에서, 외국에서 어디에 있더라도 성령받은 성도는 예수를 주와 그리스도로 전하는 증인이 된다. 복음을 증거하는 일은 성령께서 하시는 궁극적인 일이다.

　2) 성령이 임하면　⑰_____을 말한다.

> 사도행전 2장 4절
> 그들이 다 성령의 충만함을 받고 성령이 말하게 하심을 따라 다른 언어들로 말하기를 시작하니라

　3) 성령이 임하면 담대히 하나님의 ⑱_____을 전한다.

> 사도행전 4장 31절
> 빌기를 다하매 모인 곳이 진동하더니 무리가 다 성령이 충만하여 담대히 하나님의 말씀을 전하니라

4) 때가 악하다. 성령 ⑲_____을 받으라.

에베소서 5장 16-18절

세월을 아끼라 때가 악하니라 그러므로 어리석은 자가 되지 말고 오직 주의 뜻이 무엇인가 이해하라 술 취하지 말라 이는 방탕한 것이니 오직 성령으로 충만함을 받으라

○ **Guide**

> 지금은 악한 때이다. 성도는 유행에 휩쓸려 진노 받을 삶을 살아서는 안 된다 (엡 2:1-3). 주의 뜻이 무엇인지 이해하여 주의 뜻을 따라 살아야 한다. 그러려면 성령충만 해야 한다.
> 당신은 성령에 붙잡혀 사는 사람인가? 아니면 정욕에 붙잡혀 사는 사람인가? 어떻게 성령충만 할 수 있을까? 기록해 보라.

5) 아래 _____을 여러분의 이름과 여러분이 섬기는 교회 이름으로 채워 보라.

성령 하나님께서는 나를 통해 오늘도 ⑳_____ 교회를 세워 가신 다. 이것이 교회로 부름받은 성도의 본분이다. 그러기 때문에 성도는 성령으로 충만하여 성령의 인도하심을 받아야 한다.

(해답)

① 성소 ② 성전 ③ 스룹바벨 ④ 성전 ⑤ 성전 ⑥ 성령 ⑦ 성령 ⑧ 성령 ⑨ 성령 ⑩ 직분자 ⑪ 말씀 ⑫ 교회 ⑬ 교회 ⑭ 교회 ⑮ 아시아 ⑯ 권능 ⑰ 방언 ⑱ 말씀 ⑲ 충만 ⑳ 내가 섬기고 있는 교회 이름

세 번째 만남을 마치면서

1. 성령께서는 예수 그리스도의 피로 구원받은 성도들을 불러 주님의 교회를 세우시기 위해 오셨습니다. 그러면 성령받은 사람들이 해야 할 근본적인 일을 무엇일까요?

2. 성도를 교회로 부르시고, 성도들에게 직분을 주심으로 교회를 섬기게 하시는 분은 누구신가요?

3. 성도는 어떻게 성령의 인도하심을 받을 수 있을까요?

네 번째 만남

교회에는 오랜 역사와 전통이 있다

뼈대 있는 집안

아브라함은 이삭을 낳고

이삭은 야곱을 낳고

이새는 다윗을 낳고

…

마리아에게서 그리스도라 칭하는 예수를 낳으니라

이상은 성경의 족보다.

뼈대 있는 집안이라고 한다. 전통 있는 가문을 말하는 것이리라. 성도들도 가문이 있다. 성도들의 가문은 교회다. 교회의 역사가 성도의 역사이며 교회의 미래가 성도들의 미래다. 성도들은 교회와 연합되어 있다. 그러므로 성도들이 교회의 역사를 안다는 것은 곧 스스로의 역사를 안다는 것이요 자신의 정체성을 안다는 것이다. 나는 하늘에서 뚝 떨어진 존재가 아니다. 하나님의 선택은 교회를 전제로 한다. 교회를 떠나서는 우리 성도들의 구원을 말할 수 없다는 것이다.

> **금주 암송요절 / 마태복음 16장 16-18절**
> 시몬 베드로가 대답하여 이르되 주는 그리스도시요 살아 계신 하나님의 아들이시니이다 예수께서 대답하여 이르시되 바요나 시몬아 네가 복이 있도다 이를 네게 알게 한 이는 혈육이 아니요 하늘에 계신 내 아버지시니라 또 내가 네게 이르노니 너는 베드로라 내가 이 반석 위에 내 교회를 세우리니 음부의 권세가 이기지 못하리라

1 창세 전에 예정된 교회

하나님께서는 세상을 창조하시기 전부터 교회를 세우실 것을 의도하셨다. 하나님께서 창세 전에 그의 백성을 택하셨고 택한 백성을 위해 그리스도의 교회를 예비하셨던 것이다. 이 땅의 교회는 하나님의 택한 백성들을 불러모아 그들로 하나님을 섬기고 신앙을 보존하고 성장케 하는 이 땅에 있는 하나님의 집이요 하나님의 나라이다.

1) 하나님께서는 ①_____에 우리를 택하셨다.

에베소서 1장 4절
곧 창세 전에 그리스도 안에서 우리를 택하사 우리로 사랑 안에서 그 앞에 거룩하고 흠이 없게 하시려고

2) 하나님께서는 ②_____ 택한 백성의 구원을 위해 그 아들을 보내사 그의 피로 구속 곧 죄 사함의 은혜를 베푸시고 그리스도의 몸인 교회에 속하게 하신다.

갈라디아서 4장 4-6절
때가 차매 하나님이 그 아들을 보내사 여자에게서 나게 하시고 율법 아래에 나게 하신 것은 율법 아래에 있는 자들을 속량하시고 우리로 아들의 명분을 얻게 하려 하심이라 너희가 아들이므로 하나님이 그 아들의 영을 우리 마음 가운데 보내사 아빠 아버지라 부르게 하셨느니라

3) 택한 백성들은 그리스도의 피로 거룩하여져서 하나님의 교회의 성도로 ③_____을 받는다.

고린도전서 1장 2-3절
고린도에 있는 하나님의 교회 곧 그리스도 예수 안에서 거룩하여지고 성도라 부르심을 받은 자들과 또 각처에서 우리의 주 곧 그들과 우리의 주 되신 예수 그리스도의 이름을 부르는 모든 자들에게 하나님 우리 아버지와 주 예수 그리스도로부터 은혜와 평강이 있기를 원하노라

○ **Guide**

많은 이들이 아무개는 복받았다고 자랑하거나 부러워한다. 하나님으로부터 오는 복이 참 복이다. 하나님께서 우리 인간을 위해 예비하신 진정한 복은 하늘에 속한 신령한 복이다. 하나님께서는 우리에게 하늘에 속한 신령한 복으로 복 주시기 위해 창세 전에 우리를 그의 아들로 선택하셨다. 하나님의 아들로 선택받은 것이 무엇보다 큰 복인 것이다.

2 구약에 나타난 교회

하나님께서 처음으로 창조하신 세계의 에덴동산은 첫 교회라고 할 수 있다. 노아의 가정과 노아의 방주도 구약에 나타난 교회이다. 아브라함을 비롯한 족장들의 가정, 이스라엘 민족은 구약에 나타난 하나님의 교회였다.

1) 하나님께서는 동방의 에덴에 동산을 창조하시고 그 곳에 그 지으신 첫 사람을 두셨는데 이것이 최초의 ④_____였다.

창세기 2장 8-9절
여호와 하나님이 동방의 에덴에 동산을 창설하시고 그 지으신 사람을 거기 두시니라 여호와 하나님이 그 땅에서 보기에 아름답고 먹기에 좋은 나무가 나게 하시니 동산 가운데에는 생명 나무와 선악을 알게 하는 나무도 있더라

2) 하나님께서는 아브라함을 불러서 본격적인 ⑤_____를 이루어 가신다.

창세기 12장 1-2절
여호와께서 아브람에게 이르시되 너는 너의 고향과 친척과 아버지의 집을 떠나 내가 네게 보여 줄 땅으로 가라 내가 너로 큰 민족을 이루고 네게 복을 주어 네 이름을 창대하게 하리니 너는 복이 될지라

3) 아브라함의 후손인 이스라엘을 ⑥_____ 교회라고 한다.

사도행전 7장 38절
시내 산에서 말하던 그 천사와 우리 조상들과 함께 광야 교회에 있었고 또 살아 있는 말씀을 받아 우리에게 주던 자가 이 사람이라

○ Guide

하나님의 예정 가운데 있던 교회는 하나님께서 세상을 창조하심으로 드디어 세상에 그 형체를 드러냈다. 첫 번 교회는 에덴동산이었고 아담과 하와가 그 구성원이었다. 홍수 심판 때는 노아의 방주가 교회의 기능을 했다. 하나님께서는 아브라함을 부르심으로 본격적으로 교회를 이 땅에 세우시기 시작하셨다. 아브라함은 하나님의 부르심에 믿음으로 응답함으로 우리 믿는 자들의 조상이 되셨다. 교회는 하나님을 믿는 자들의 공동체이다. 아브라함의 후손인 이스라엘 12지파는 민족적인 교회가 되었다.

3 온 세상에 세워지는 신약시대의 교회

주님께서는 그를 주와 그리스도, 하나님의 아들로 믿는 신앙을 고백하는 제자들의 신앙 위에 교회를 세우셨다. 이 교회는 성령의 강림으로 예루살렘으로부터 시작하여 온 세싱 땅끝까시 전파되어갔으며 우리나라에도 이르렀다. 지금도 지구촌 구석구석에는 하나님의 교회가 세워져 가고 있다.

1) 주님께서는 주님을 주와 그리스도, 하나님의 아들로 고백하는 신앙고백 위에 그의 ⑦_____를 세우시겠다고 하셨다.

마태복음 16장 16-18절
시몬 베드로가 대답하여 이르되 주는 그리스도시요 살아 계신 하나님의 아들이시니이다 예수께서 대답하여 이르시되 바요나 시몬아 네가 복이 있도다 이를 네게 알게 한 이는 혈육이 아니요 하늘에 계신 내 아버지시니라 또 내가 네게 이르노니 너는 베드로라 내가 이 반석 위에 내 교회를 세우리니 음부의 권세가 이기지 못하리라

2) 신약교회는 집에서 출발했다. 예수 믿는 성도의 ⑧_____이 곧 교회였다. 오늘날 성도들의 집이 교회이다.

골로새서 4장 15절
라오디게아에 있는 형제들과 눔바와 그녀의 집에 있는 교회에 문안하고

빌레몬서 1장 2절
자매 압비아와 우리와 함께 병사 된 아킵보와 네 집에 있는 교회에 편지하노니

2) 예루살렘에서 시작된 주님의 교회는 온 세상 ⑨＿＿＿＿까지 세워져 갈 것이다.

사도행전 1장 8절
오직 성령이 너희에게 임하시면 너희가 권능을 받고 예루살렘과 온 유대와 사마리아와 땅 끝까지 이르러 내 증인이 되리라 하시니라

3) 예루살렘에서 시작된 교회는 100여 년 전 한국에도 세워졌고 ○○○년 우리 ⑩＿＿＿＿＿＿교회도 세워졌다.

4 완전한 천상 교회

　지상 교회는 이 땅에 존재하는 하나님의 나라임에도 불구하고 여러 면에서 불완전하다. 주님께서 재림하심으로 교회는 완전해질 것이다. 교회는 새 예루살렘 성인 찬란한 하나님 나라가 될 것이다. 성도들은 천상교회인 새 예루살렘 성에서 하나님과 함께 영원히 살게 될 것이다.

　1) 주님 재림하심으로 교회는 ⑪＿＿＿＿＿＿으로 불리우는 찬란한 하나님 나라가 될 것이다.

　　요한계시록 21장 1-2절
　　또 내가 새 하늘과 새 땅을 보니 처음 하늘과 처음 땅이 없어졌고 바다도 다시 있지 않더라 또 내가 보매 거룩한 성 새 예루살렘이 하나님께로부터 하늘에서 내려오니 그 준비한 것이 신부가 남편을 위하여 단장한 것 같더라

　2) 완성된 하나님 나라이며 새 예루살렘 성인 천상의 교회에서 ⑫＿＿＿＿＿ 친히 장막을 치고 사람들과 함께 영원히 있을 것이다.

　　요한계시록 21장 3-4절
　　내가 들으니 보좌에서 큰 음성이 나서 이르되 보라 하나님의 장막이 사람들과 함께 있으매 하나님이 그들과 함께 계시리니 그들은 하나님의 백성이 되고 하나님은 친히 그들과 함께 계셔서 모든 눈물을 그 눈에서 닦아 주시니 다시는 사망이 없고 애통하는 것이나 곡하는 것이나 아픈 것이 다시 있지 아니하리니 처음 것들이 다 지나갔음이러라

　3) 그리스도의 피로 구원받아 어린 양의 ⑬＿＿＿＿＿에 기록된 사람들만 새 예루살렘 성에 들어갈 수 있다.

요한계시록 21장 25-27절
낮에 성문들을 도무지 닫지 아니하리니 거기에는 밤이 없음이라 사람들이 만국의 영광과 존귀를 가지고 그리로 들어가겠고 무엇이든지 속된 것이나 가증한 일 또는 거짓말하는 자는 결코 그리로 들어가지 못하되 오직 어린 양의 생명책에 기록된 자들만 들어가리라

○ Guide

하나님 나라는 믿음으로 들어간다. 하나님 나라에 들어가는 사람도 믿음으로 구원을 얻은 사람들이다. 그럼에도 불구하고 하나님께서는 천상 교회인 하나님 나라에 들어가는 조건으로 죽도록 충성할 것을 명하신다.

"너는 장차 받을 고난을 두려워하지 말라 볼지어다 마귀가 장차 너희 가운데에서 몇 사람을 옥에 던져 시험을 받게 하리니 너희가 십 일 동안 환난을 받으리라 네가 죽도록 충성하라 그리하면 내가 생명의 관을 네게 주리라"(계 2:10).

우리 믿음의 선배들은 생명을 다 바쳐 교회를 섬겼다. 여러분도 목숨을 아끼지 않고 교회를 섬길 수 있겠나? 그렇지 않고 적당히 예배당 터만 밟고 다닌다면 당신은 진정 하나님 나라에 들어갈 하나님의 자녀라고 할 수 없다. 참된 믿음에는 반드시 그에 합당한 행위가 뒤따른다.

당신은 교회를 위해 어떻게 충성하고 있는가?

(해답)
① 창세 전 ② 때가 차매 ③ 부르심 ④ 교회 ⑤ 교회 ⑥ 광야 ⑦ 교회
⑧ 집 ⑨ 땅 끝 ⑩ ○○교회 ⑪ 새 예루살렘 ⑫ 하나님께서 ⑬ 생명책

네 번째 만남을 마치면서

1. 구약에 나타난 교회에 대해 말해 봅시다.

2. 천상교회에 대해 말해 봅시다.

3. 우리 교회에 대해 알아봅시다.

다섯 번째 만남

교회에만 구원이 있다

교회 다니지 않아도 구원받는다?

"예수 믿고 구원받읍시다."
"나도 하나님 믿어요."
"그럼 교회 갑시다."
"교회 안 가도 하나님은 믿습니다."

교회 나가지 않으면서도 하나님은 믿는다는 사람들, 교회를 쉬면서도(?) 믿는다고 하는 사람들이 있다. 교회를 쉬는 사람을 포함해서 교회 출석하지 않는 사람들은 이미 구원에서 멀어진 사람들이다. 구원받은 성도는 반드시 교회에 출석하게 되어 있다. 구원받은 성도라면 신변에 어떤 환란이 있어도 교회 출석을 그만두는 일은 없다. 성도의 구원은 교회 생활을 통해 확인된다.

> **금주 암송요절 / 마태복음 16장 16-18절**
> 시몬 베드로가 대답하여 이르되 주는 그리스도시요 살아 계신 하나님의 아들이시니이다 예수께서 대답하여 이르시되 바요나 시몬아 네가 복이 있도다 이를 네게 알게 한 이는 혈육이 아니요 하늘에 계신 내 아버지시니라 또 내가 네게 이르노니 너는 베드로라 내가 이 반석 위에 내 교회를 세우리니 음부의 권세가 이기지 못하리라

1 주님은 성도를 구원하려고 교회를 세우셨다

주님께서는 이 땅에 오셔서 죄인을 구원하시는 일을 마치시면서 교회를 세우셨다. 교회는 주님께서 이 땅에 세우신 유일한 기관이며 머리이신 주님의 몸이다. 이 교회가 하는 일은 성도를 구원하는 일과 성도를 하나님 나라까지 보호하며 하나님의 백성으로 양육하는 일이다.

1) "주는 ①_____시요, 살아 계신 하나님의 아들"이시다.

마태복음 16장 16-18절
시몬 베드로가 대답하여 이르되 주는 그리스도시요 살아 계신 하나님의 아들이시니이다 예수께서 대답하여 이르시되 바요나 시몬아 네가 복이 있도다 이를 네게 알게 한 이는 혈육이 아니요 하늘에 계신 내 아버지시니라 또 내가 네게 이르노니 너는 베드로라 내가 이 반석 위에 내 교회를 세우리니 음부의 권세가 이기지 못하리라

☞ '그리스도'란 '세상을 구원하시는 분'이라는 말의 희랍어이며 구약 히브리어로는 '메시아'라 한다. 하나님께서는 구약 성경을 통해 세상을 구원할 메시아를 보내주실 것을 약속하셨는데 예수님이 바로 그분이시다.

2) '주는 그리스도이시며 하나님의 아들'이심을 신앙으로 고백할 수 있는 것은 사람이 가르쳐 주는 것이 아니라 ②_____께서 가르쳐 주신다.

마태복음 16장 16-18절
시몬 베드로가 대답하여 이르되 주는 그리스도시요 살아 계신 하나님의 아들이시니이다 예수께서 대답하여 이르시되 바요나 시몬아 네가 복이 있도다 이를 네게 알게 한 이는 혈육이 아니요 하늘에 계신 내 아버지시니라 또 내가 네게 이르노니 너는 베드로라 내가 이 반석 위에 내 교회를 세우리니 음부의 권세가 이기지 못하리라

3) 주님께서는 '주는 그리스도이시며 하나님의 아들'이심을 고백하는 신앙고백 위에 주님의 ③_____를 세우신다.

마태복음 16장 16-18절
시몬 베드로가 대답하여 이르되 주는 그리스도시요 살아 계신 하나님의 아들이시니이다 예수께서 대답하여 이르시되 바요나 시몬아 네가 복이 있도다 이를 네게 알게 한 이는 혈육이 아니요 하늘에 계신 내 아버지시니라 또 내가 네게 이르노니 너는 베드로라 내가 이 반석 위에 내 교회를 세우리니 음부의 권세가 이기지 못하리라

☞ '베드로'라는 헬라어 이름은 '반석'이라는 의미이다. 그리고 성경에서는 예수 그리스도를 가리켜서 반석이라고 한다(롬 9:33, 고전 10:4). 베드로가 고백한 신앙고백은 반석이신 예수 그리스도에 대한 신앙고백이며, 이 신앙고백이 예수 그리스도를 가리키므로 곧 반석이라는 것이다. 그러므로 반석 위에 교회를 세운다는 것은 교회와 예수 그리스도, 교회와 신앙고백을 동일시하는 것이다.

○ Guide

교회는 예수를 주, 그리스도, 하나님의 아들로 고백하는 신앙고백의 터 위에 세워진다. 이 말은 예수를 주, 그리스도, 하나님의 아들로 고백하는 사람들은 교회와 연합함으로 구원을 얻고 교회를 세워 간다는 것이다.

2 교회는 주님이 이 땅에 세우신 구원의 방주이다

교회만이 예수 그리스도께서 죄인들을 위해 이루신 온전한 구원을 전한다. 교회만이 성도의 구원을 보증해 주며 구원을 완성해 주는 기관이다. 교회와 유사한 선교단체들은 교회는 아니다. 따라서 교회를 제외한 선교단체나 개인은 예수 그리스도께서 이루신 완전하고도 충만한 구원의 복음을 전하고 보존해 가며 자라게 할 수 없다. 교회만이 구원의 방주이다.

1) 음부의 권세, 사망 권세가 온 세상을 지배하지만 주님의 ④_____를 이기지는 못한다.

마태복음 16장 16-18절
시몬 베드로가 대답하여 이르되 주는 그리스도시요 살아 계신 하나님의 아들이시니이다 예수께서 대답하여 이르시되 바요나 시몬아 네가 복이 있도다 이를 네게 알게 한 이는 혈육이 아니요 하늘에 계신 내 아버지시니라 또 내가 네게 이르노니 너는 베드로라 내가 이 반석 위에 내 교회를 세우리니 음부의 권세가 이기지 못하리라

☞ 음부의 권세는 사망 권세의 장소적인 표현이다. 음부는 천국과 정반대의 장소로 본래 사탄을 위해 만든 곳인데 사탄의 유혹을 따라 범죄한 모든 영혼이 가는 곳이다. 음부의 권세 즉 죽음을 이기는 권세를 지닌 곳은 교회뿐이다. 그러기에 성도는 교회에 속해 충성을 다해야 하는 것이다.

2) 주님께서는 주님의 피로 세우신 ⑤_____에만 사망권세를 이기는 복음을 맡기셨다. 기독교 역사를 통해 교회만이 복음을 온전히 보존해 왔고 앞으로도 그렇게 할 것이다.

마태복음 16장 16-18절
시몬 베드로가 대답하여 이르되 주는 그리스도시요 살아 계신 하나님의 아들이시니이다 예수께서 대답하여 이르시되 바요나 시몬아 네가 복이 있도다 이를 네게

알게 한 이는 혈육이 아니요 하늘에 계신 내 아버지시니라 또 내가 네게 이르노니 너는 베드로라 내가 이 반석 위에 내 교회를 세우리니 음부의 권세가 이기지 못하리라

3) 사람은 그리스도의 교회를 통해 복음을 듣고 복음을 통해서만 음부의 권세, 죽음에서 벗어날 수 있다. 교회는 '주는 그리스도이시며 하나님의 아들'이심을 고백하는 신앙을 근거로 ⑥_____를 베푼다. 우리의 구원을 보증하는 증거는 교회의 세례뿐이다.

베드로전서 3장 21절
물은 예수 그리스도께서 부활하심으로 말미암아 이제 너희를 구원하는 표니 곧 세례라 이는 육체의 더러운 것을 제하여 버림이 아니요 하나님을 향한 선한 양심의 간구니라

☞ 교회에서는 예수님을 주로 영접하고 성령받은 사람에게 그 믿은바 신앙을 점검한 후에 세례를 베푼다. 따라서 교회에서 베푸는 세례는 성도의 구원을 보증해 주는 외적인 표시다. 세례는 일생 한번 받는다.

○ **Guide**

교회가 소중한 이유

교회는 하나님께서 창세 전에 계획하신 이 땅의 하나님 나라이다.
교회는 하나님께서 예수 그리스도의 피로 값 주고 사셨다.
교회는 신앙고백의 터이다.
교회는 음부의 권세가 이기지 못하는 유일한 곳이다.
교회는 진리의 기둥과 터이다.
교회는 하나님의 집이다.

교회가 소중한 이유를 더 적어 보라.

3 이 땅의 교회에는 거짓 신자도 있다

이 땅에 존재하는 교회는 불완전하다. 주님께서도 이 사실을 분명히 밝히셨다. 이 불완전함이 구원받은 성도를 완전케 하고 알곡을 가라지로부터 구별하는 기능도 한다. 주님께서 재림하실 때 교회는 완전한 하나님 나라로 편입된다.

　1) 이 땅의 교회에는 알곡과 함께 ⑦ _____도 있다.

　　마태복음 13장 36-40절
　　이에 예수께서 무리를 떠나사 집에 들어가시니 제자들이 나아와 이르되 밭의 가라지의 비유를 우리에게 설명하여 주소서 대답하여 이르시되 좋은 씨를 뿌리는 이는 인자요 밭은 세상이요 좋은 씨는 천국의 아들들이요 가라지는 악한 자의 아들들이요 가라지를 뿌린 원수는 마귀요 추수 때는 세상 끝이요 추수꾼은 천사들이니 그런즉 가라지를 거두어 불에 사르는 것 같이 세상 끝에도 그러하리라

　　　☞ '가라지'란 본래 밭에 심지 않은 알곡과 아주 유사한 잡초를 말하는데 여기서는 교회에는 참석하나 구원받지 못한 불신자를 말한다.

　2) 교인인 것 같으나 불신자인 가라지는 주님 재림하시는 때에 심판을 받아 ⑧_____할 것이다.

　　마태복음 13장 36-40절
　　이에 예수께서 무리를 떠나사 집에 들어가시니 제자들이 나아와 이르되 밭의 가라지의 비유를 우리에게 설명하여 주소서 대답하여 이르시되 좋은 씨를 뿌리는 이는 인자요 밭은 세상이요 좋은 씨는 천국의 아들들이요 가라지는 악한 자의 아들들이요 가라지를 뿌린 원수는 마귀요 추수 때는 세상 끝이요 추수꾼은 천사들이니 그런즉 가라지를 거두어 불에 사르는 것 같이 세상 끝에도 그러하리라

　3) 주님께서 다시 오실 때 이 땅의 불완전한 교회에 다니는 자들 중 어린 양의 ⑨_____에 기록된 자들만 완전한 교회인 하나님 나라에 들어갈 것이다.

요한계시록 21장 25-27절

낮에 성문들을 도무지 닫지 아니하리니 거기에는 밤이 없음이라 사람들이 만국의 영광과 존귀를 가지고 그리로 들어가겠고 무엇이든지 속된 것이나 가증한 일 또는 거짓말하는 자는 결코 그리로 들어가지 못하되 오직 어린 양의 생명책에 기록된 자들만 들어가리라

○ Guide

이 땅의 하나님 나라인 교회가 불완전한 것은 사실이나 여전히 소중하다. 알곡과 가라지가 함께 있다고 해도 교회의 중요성은 조금도 감소되지 않는다. 그렇다고 사람들이 알곡과 가라지를 구별할 능력도 없다. 단지 성도는 행여 내가 가라지 노릇하는 것은 아닐까? 하는 경성하는 마음으로 항상 깨어 선을 행해야 한다.

4 성도는 구원을 이루어가야 한다

하나님의 부름을 받아 지역 교회에 소속된 참 생명을 소유한 성도라면 소속된 교회를 섬기는 일을 통해 ⑩_____을 이루어 간다. 성도가 구원을 받았고 그 구원을 이루어 가는 증거는 일평생 소속된 교회를 섬기는 일을 통해서뿐이다.

빌립보서 2장 12절
그러므로 나의 사랑하는 자들아 너희가 나 있을 때뿐 아니라 더욱 지금 나 없을 때에도 항상 복종하여 두렵고 떨림으로 너희 구원을 이루라

○ Guide

하나님께 충성한다는 것은 하나님의 집인 교회를 충성스럽게 섬기는 것이다. 주님께 헌신한다는 것은 주님의 몸 된 교회를 섬기는 것이다. 구원을 이루어 간다는 것은 교회를 헌신적으로 섬긴다는 것이다. 교회를 떠나서는 하나님을 향한 충성도, 주님을 향한 헌신도, 구원도 말할 수 없는 것이다.

당신은 구원을 이루어가고 있는가?

그렇다면 당신은 어떻게 구원을 이루어가고 있는가?

(해답)
① 그리스도 ② 하나님 ③ 교회 ④ 교회 ⑤ 교회 ⑥ 세례 ⑦ 가라지 ⑧ 멸망 ⑨ 생명책 ⑩ 구원

다섯 번째 만남을 마치면서

1. 주님께서 이 땅에 세우신 유일한 구원의 기관은 무엇입니까?

2. 성도가 구원을 받아 하나님의 자녀가 되었다는 객관적인 증거는 무엇인가요?

3. 어째서 하나님께서는 교회 안에 알곡과 가라지를 함께 두셨을까요?

여섯 번째 만남

교회의 사명과 성도의 사명

성도! 사명 때문에 사는 사람

하나님께서는 존재하는 만물을 그 쓰임에 합당하게 창조하셨다. 하나님의 형상을 새롭게 회복한 성도의 사명은 무엇이고, 교회의 사명은 무엇일까? 모든 성도들은 자신이 속한 교회와 삶의 터전에서 자신이 해야 할 사명을 바로 알아야 한다. 성도가 사명자가 될 때, 교회가 사명을 다할 때 하나님의 나라는 이 땅에 굳건히 뿌리를 내린다.

> **금주 암송요절 / 사도행전 2장 42~47절**
> 그들이 사도의 가르침을 받아 서로 교제하고 떡을 떼며 오로지 기도하기를 힘쓰니라 사람마다 두려워하는데 사도들로 말미암아 기사와 표적이 많이 나타나니 믿는 사람이 다 함께 있어 모든 물건을 서로 통용하고 또 재산과 소유를 팔아 각 사람의 필요를 따라 나눠 주며 날마다 마음을 같이하여 성전에 모이기를 힘쓰고 집에서 떡을 떼며 기쁨과 순전한 마음으로 음식을 먹고 하나님을 찬미하며 또 온 백성에게 칭송을 받으니 주께서 구원 받는 사람을 날마다 더하게 하시니라

1 교회는 예배드리는 공동체이다

교회의 사명에 대해 알아보자. 교회의 가장 기본적인 사명은 예배드리는 것이다. 교회의 존재 목적은 하나님께 영광돌리고, 하나님을 예배함에 있다. 예배를 잘 드리는 사람, 예배를 잘 드리는 교회가 성령 충만을 받고 하나님께서 내려 주시는 복을 받는다.

1) 초대교회는 ①_____을 떼는 공동체였다.

사도행전 2장 42-47절
그들이 사도의 가르침을 받아 서로 교제하고 떡을 떼며 오로지 기도하기를 힘쓰니라 사람마다 두려워하는데 사도들로 말미암아 기사와 표적이 많이 나타나니 믿는 사람이 다 함께 있어 모든 물건을 서로 통용하고 또 재산과 소유를 팔아 각 사람의 필요를 따라 나눠 주며 날마다 마음을 같이하여 성전에 모이기를 힘쓰고 집에서 떡을 떼며 기쁨과 순전한 마음으로 음식을 먹고 하나님을 찬미하며 또 온 백성에게 칭송을 받으니 주께서 구원 받는 사람을 날마다 더하게 하시니라

☞ 기독교의 예배는 예수 그리스도의 '최후의 만찬'이 그 원형이다. 초대교회는 예배드릴 때 반드시 예수 그리스도의 최후의 만찬인 성만찬을 행하였다. 그래서 떡을 뗀다는 표현은 '하나님께 예배드린다'는 뜻이다.

2) 주님께서는 사탄의 마지막 유혹을 물리치면서 하나님께만 ②_____하고 하나님만 섬기라고 했다.

마태복음 4장 8-10절
마귀가 또 그를 데리고 지극히 높은 산으로 가서 천하 만국과 그 영광을 보여 이르되 만일 내게 엎드려 경배하면 이 모든 것을 네게 주리라 이에 예수께서 말씀하시되 사탄아 물러가라 기록되었으되 주 너의 하나님께 경배하고 다만 그를 섬기라 하였느니라

3) 하나님께서는 하나님께 예배하는 자들을 ③_____.

요한복음 4장 23-24절
아버지께 참되게 예배하는 자들은 영과 진리로 예배할 때가 오나니 곧 이 때라 아
버지께서는 자기에게 이렇게 예배하는 자들을 찾으시느니라 하나님은 영이시니
예배하는 자가 영과 진리로 예배할지니라

4) 성도들은 그 몸을 하나님이 기뻐하시는 ④_____로 드려야 한다. 이는
성도가 드릴 영적 예배이다.

로마서 12장 1-2절
그러므로 형제들아 내가 하나님의 모든 자비하심으로 너희를 권하노니 너희 몸을
하나님이 기뻐하시는 거룩한 산 제물로 드리라 이는 너희가 드릴 영적 예배니라
너희는 이 세대를 본받지 말고 오직 마음을 새롭게 함으로 변화를 받아 하나님의
선하시고 기뻐하시고 온전하신 뜻이 무엇인지 분별하도록 하라

○ Guide

교회가 존재하는 첫 번째 목적은 하나님께 예배드리는 것이다. 하나님께서는
예배드리는 자들을 찾으신다. 예배는 사람이 하나님을 공경한다는 가장 기본
적인 표현방식이다. 예배에는 기도, 찬양, 봉헌 등의 하나님을 향해 드리는 요
소들과 말씀, 은혜, 성령충만 등의 하나님으로부터 주어지는 요소들이 함께 존
재한다. 그리고 예배에는 온 교회 성도들이 함께 모여 드리는 주일 예배와 삶
의 터전에서 소그룹으로 드리는 구역.속회 예배 등 형식을 갖추어 드리는 예배
가 있는가 하면 자신의 삶을 주님께 온전히 드리는 예배가 있다.

당신은 온전하게 예배드리고 있는가?

2 교회는 가르치고 배우는 공동체이다

교회는 하나님 말씀을 가르치고 배우는 곳이다. 거룩한 하나님 백성이 되려면 하나님의 뜻대로 살아야 한다. 사명을 다하려면 하나님의 인도하심을 받아야 한다. 하나님의 말씀이 성도들의 영혼을 풍성하게 하며 사명을 감당할 수 있는 능력과 지혜를 준다.

  1) 초대교회 성도들은 사도의 ⑤_____을 받았다.

    사도행전 2장 42-47절
    그들이 사도의 가르침을 받아 서로 교제하고 떡을 떼며 오로지 기도하기를 힘쓰니라 사람마다 두려워하는데 사도들로 말미암아 기사와 표적이 많이 나타나니 믿는 사람이 다 함께 있어 모든 물건을 서로 통용하고 또 재산과 소유를 팔아 각 사람의 필요를 따라 나눠 주며 날마다 마음을 같이하여 성전에 모이기를 힘쓰고 집에서 떡을 떼며 기쁨과 순전한 마음으로 음식을 먹고 하나님을 찬미하며 또 온 백성에게 칭송을 받으니 주께서 구원 받는 사람을 날마다 더하게 하시니라

  2) 성경은 예수님의 공생애 사역의 첫 시작을 하나님 말씀을 ⑥_____으로부터 시작하고 있다.

    누가복음 3장 23절
    예수께서 가르치심을 시작하실 때에 삼십 세쯤 되시니라 사람들이 아는 대로는 요셉의 아들이니 요셉의 위는 헬리요

  3) 성도들은 ⑦_____ 확신한 일에 거해야 한다.

    디모데후서 3장 14절
    그러나 너는 배우고 확신한 일에 거하라 너는 네가 누구에게서 배운 것을 알며

○ Guide

하나님의 말씀에는 능력이 있다. 하나님께서는 말씀으로 세상을 창조하셨고, 말씀이 육신이 되신 예수 그리스도께서 우리의 영혼을 말씀으로 새롭게 창조하셨다. 그리고 말씀을 통해 성도를 양육해 가신다. 하나님의 나라인 교회에 들어온 성도들은 평생을 통해 하나님 말씀을 배워야 한다. 교회는 하나님의 말씀에 따라 세워져 간다. 신앙의 깊이는 말씀을 깨닫고 행하는 것에 비례한다.

3 교회는 섬기는 공동체이다

주님께서는 이 땅의 죄인들을 섬기기 위해 오셨다. 그리고 주님은 생명을 다해 죄인들을 섬겼다. 하나님의 백성이 된 성도는 하나님을 섬기는 일과 하나님의 교회, 성도를 섬기는 일을 위해 주님처럼 생명을 다해 섬겨야 한다.

1) 초대교회 성도들은 믿는 사람들끼리 모든 물건을 통용하고 또 ⑧_____를 팔아 가난한 성도들을 섬겼다.

사도행전 2장 42-47절
그들이 사도의 가르침을 받아 서로 교제하고 떡을 떼며 오로지 기도하기를 힘쓰니라 사람마다 두려워하는데 사도들로 말미암아 기사와 표적이 많이 나타나니 믿는 사람이 다 함께 있어 모든 물건을 서로 통용하고 또 재산과 소유를 팔아 각 사람의 필요를 따라 나눠 주며 날마다 마음을 같이하여 성전에 모이기를 힘쓰고 집에서 떡을 떼며 기쁨과 순전한 마음으로 음식을 먹고 하나님을 찬미하며 또 온 백성에게 칭송을 받으니 주께서 구원 받는 사람을 날마다 더하게 하시니라

2) 주님은 죄인들을 ⑨_____ 이 땅에 오셨다.

마가복음 10장 45절
인자가 온 것은 섬김을 받으려 함이 아니라 도리어 섬기려 하고 자기 목숨을 많은 사람의 대속물로 주려 함이니라

3) 성도들은 세상을 ⑩_____ 종이 되어야 한다.

마가복음 10장 42-45절
예수께서 불러다가 이르시되 이방인의 집권자들이 그들을 임의로 주관하고 그 고관들이 그들에게 권세를 부리는 줄을 너희가 알거니와 너희 중에는 그렇지 않을지니 너희 중에 누구든지 크고자 하는 자는 너희를 섬기는 자가 되고 너희 중에

누구든지 으뜸이 되고자 하는 자는 모든 사람의 종이 되어야 하리라 인자가 온 것은 섬김을 받으려 함이 아니라 도리어 섬기려 하고 자기 목숨을 많은 사람의 대속물로 주려 함이니라

○ Guide

성도는 하나님께서 주신 것을 가지고 교회를 섬기고 세상을 섬긴다. 그러면 하나님께서 주신 것이 무엇인가! 먼저 우리는 이 땅에 태어났을 때 아무것도 가지고 오지 않았음을 늘 기억해야 한다. 심지어 내 생명마저도 내가 원해서 생겨난 것이 아니라 하나님께서 일방적으로 주신 것이니 내 것이라 주장할 수 있는 것은 아무 것도 없는 샘이다. 그러므로 성도는 내게 있는 모든 것으로 하나님을, 세상을 섬겨야 한다.

내가 가진 것(하나님의 것)

생명
약간의 재산
시간
재주(은사)

그 외 내게 주신 하나님의 것(각자 기록해 보라)

4 교회는 거룩한 친교 공동체이다

교회는 그리스도 안에서 구원받은 사람들이 모여 사는 곳이다. 교회의 능력은 성도의 거룩한 교제를 통해 나타난다. 주님께서 죄인인 우리와 생명으로 사귐을 가지셨던 것처럼, 우리도 우리 주님과 교회의 성도들과 거룩한 사귐을 갖는 것이 당연하다.

1) 초대교회 성도들은 사도의 가르침을 받아 ⑪_____하기를 힘썼다.

사도행전 2장 42-47절
그들이 사도의 가르침을 받아 서로 교제하고 떡을 떼며 오로지 기도하기를 힘쓰니라 사람마다 두려워하는데 사도들로 말미암아 기사와 표적이 많이 나타나니 믿는 사람이 다 함께 있어 모든 물건을 서로 통용하고 또 재산과 소유를 팔아 각 사람의 필요를 따라 나눠 주며 날마다 마음을 같이하여 성전에 모이기를 힘쓰고 집에서 떡을 떼며 기쁨과 순전한 마음으로 음식을 먹고 하나님을 찬미하며 또 온 백성에게 칭송을 받으니 주께서 구원 받는 사람을 날마다 더하게 하시니라

2) 성도의 교제는 성령의 ⑫_____ 힘써 지키는 것이다.

에베소서 4장 3-4절
평안의 매는 줄로 성령이 하나 되게 하신 것을 힘써 지키라 몸이 하나요 성령도 한 분이시니 이와 같이 너희가 부르심의 한 소망 안에서 부르심을 받았느니라

3) 우리의 교제는 성도간의 ⑬_____이며, 하나님 아버지와 우리 주님과의 ⑬_____이다.

요한일서 1장 3절
우리가 보고 들은 바를 너희에게도 전함은 너희로 우리와 사귐이 있게 하려 함이니 우리의 사귐은 아버지와 그의 아들 예수 그리스도와 더불어 누림이라

○ Guide

성도는 모두가 하나님의 자녀이기 때문에 그리스도 안에서 한 가족이며 형제이다. 가족의 특징은 삶의 부분 부분을 함께 나눈다는 것이다. 함께 즐거워하고 함께 슬퍼한다. 성도들의 삶이 그래야 한다. 교회 성도들은 사실상 피를 나눈 형제들보다 더 가까운 관계다. 지상의 가족은 잠시지만 하나님의 가족은 영원하다. 친교를 나누는데 있어서 명심할 점은 바라지 말고 먼저, 그리고 끝까지 섬기고 나누는 것이다.

성도들이 피를 나눈 형제보다 더 가까운 이유는 무엇일까?

5 교회는 선교 공동체이다

교회의 모든 역량은 최종적으로 복음전도로 모아져야 한다. 불신자들은 복음전도를 통해서만 구원받기 때문이다. 참 교회는 복음전도에 총력을 다하는 교회이다. 우리 이웃들로부터 시작하여 세상 모든 나라를 향해 그리스도의 복음이 증거되도록 교회는 온 역량을 다해 힘써야 한다.

1) 초대교회는 온 백성에게 칭송을 받고 구원받은 사람이 날마다 더해가는 ⑭_____ 공동체였다.

사도행전 2장 42-47절
그들이 사도의 가르침을 받아 서로 교제하고 떡을 떼며 오로지 기도하기를 힘쓰니라 사람마다 두려워하는데 사도들로 말미암아 기사와 표적이 많이 나타나니 믿는 사람이 다 함께 있어 모든 물건을 서로 통용하고 또 재산과 소유를 팔아 각 사람의 필요를 따라 나눠 주며 날마다 마음을 같이하여 성전에 모이기를 힘쓰고 집에서 떡을 떼며 기쁨과 순전한 마음으로 음식을 먹고 하나님을 찬미하며 또 온 백성에게 칭송을 받으니 주께서 구원 받는 사람을 날마다 더하게 하시니라

2) 부활하신 주님께서 승천하시기 직전에 제자들에게 남긴 마지막 명령은 ⑮_____였다.

마태복음 28장 18-20절
예수께서 나아와 말씀하여 이르시되 하늘과 땅의 모든 권세를 내게 주셨으니 그러므로 너희는 가서 모든 민족을 제자로 삼아 아버지와 아들과 성령의 이름으로 세례를 베풀고 내가 너희에게 분부한 모든 것을 가르쳐 지키게 하라 볼지어다 내가 세상 끝날까지 너희와 항상 함께 있으리라 하시니라

3) 오순절 성령의 임함은 ⑮_____를 통해 땅 끝까지 하나님의 교회를 세우시기 위함이었다.

사도행전 1장 8절
오직 성령이 너희에게 임하시면 너희가 권능을 받고 예루살렘과 온 유대와 사마리아와 땅 끝까지 이르러 내 증인이 되리라 하시니라

○ Guide

> 교회의 모든 에너지는 영혼을 구원하는 일로 초점이 맞추어져야 한다. 영혼을 구원하는 열심은 하나님의 최대 관심이시다. 하나님께서는 우리를 구원하시기 위해 오늘날까지 쉬지 않고 수고하시고 계신다. 우리를 구원하시기 위해 사람의 몸을 입고 이 땅에 오셨다. 영혼 구원은 오직 한 가지, 복음전도(선교)를 통해서 일어난다. 영혼 구원을 위해 우리는 보내든지 가든지 해야 한다.
>
> 가자!(어디로 갈 것인지 기록해 보라)
>
>
> 보내자!(어디로 누구를 보낼 것인지 기록해 보라)

6 교회는 치유하는 공동체이다

1) 성령 공동체는 ⑯_____ 공동체가 될 것이다.

이사야 61장 1절
주 여호와의 영이 내게 내리셨으니 이는 여호와께서 내게 기름을 부으사 가난한 자에게 아름다운 소식을 전하게 하려 하심이라 나를 보내사 마음이 상한 자를 고치며 포로된 자에게 자유를, 갇힌 자에게 놓임을 선포하며

2) 성령 공동체인 교회를 세우신 주님은 가르치고 전하는 사역과 함께 ⑯_____ 사역을 그 핵심으로 하셨다.

마태복음 4장 23절
예수께서 온 갈릴리에 두루 다니사 그들의 회당에서 가르치시며 천국 복음을 전파하시며 백성 중의 모든 병과 모든 약한 것을 고치시니

3) 성령 하나님께서는 약속하신 대로 교회에 ⑯_____의 은사를 주셨다.

고린도전서 12장 8-11절
어떤 사람에게는 성령으로 말미암아 지혜의 말씀을, 어떤 사람에게는 같은 성령을 따라 지식의 말씀을, 다른 사람에게는 같은 성령으로 믿음을, 어떤 사람에게는 한 성령으로 병 고치는 은사를, 어떤 사람에게는 능력 행함을, 어떤 사람에게는 예언함을, 어떤 사람에게는 영들 분별함을, 다른 사람에게는 각종 방언 말함을, 어떤 사람에게는 방언들 통역함을 주시나니 이 모든 일은 같은 한 성령이 행하사 그의 뜻대로 각 사람에게 나누어 주시는 것이니라

○ **Guide**

교회는 치유공동체이다.
주님께서는 영적 질병인 죄를 사함으로 사망으로부터 생명으로 치유한다.
주님께서는 치유은사를 받은 은사자들을 통해 치유한다.
주님께서는 기도를 통해 치유하신다.

(해답)
① 떡 ② 경배 ③ 찾으십니다 ④ 산제사 ⑤ 가르침 ⑥ 가르치심 ⑦ 배우고
⑧ 재산과 소유 ⑨ 섬기려 ⑩ 섬기는 ⑪ 교제 ⑫ 하나 되게 하신 것을 ⑬
사귐 ⑭ 선교 ⑮ 전도 ⑯ 치유

여섯 번째 만남을 마치면서

1. 교회의 사명, 성도의 사명 다섯 가지를 기록해 봅시다.

2. 나는 다섯 가지 사명에 어떻게 참여하고 있는지, 앞으로 어떻게 참여해야 할지를 차근차근 써 봅시다.

일곱 번째 만남

나의 갈길 다 가도록

이제는 실천이다

지금까지 우리는 교회에 대한 하나님의 가르침을 배웠다. 힘써 진리를 배운 이유는 진리를 실천함으로 하나님께 영광을 돌리고 자신이 복을 받기 위함이다. 참된 믿음은 행함이 있는 믿음이다. 행함 없는 믿음은 죽은 믿음이다. 하나님의 교회 안에서 배운 바 진리를 실천함에 있어서 가장 기본적인 내용들을 점검해 보자.

> **금주 암송요절 / 마가복음 10장 19-22절**
>
> 네가 계명을 아나니 살인하지 말라, 간음하지 말라, 도둑질하지 말라, 거짓 증언 하지 말라, 속여 빼앗지 말라, 네 부모를 공경하라 하였느니라 그가 여 짜오되 선생님이여 이것은 내가 어려서부터 다 지켰나이다 예수께서 그를 보 시고 사랑하사 이르시되 네게 아직도 한 가지 부족한 것이 있으니 가서 네게 있는 것을 다 팔아 가난한 자들에게 주라 그리하면 하늘에서 보화가 네게 있 으리라 그리고 와서 나를 따르라 하시니 그 사람은 재물이 많은 고로 이 말 씀으로 인하여 슬픈 기색을 띠고 근심하며 가니라

1 이것이 교회를 섬기는 기본이다!

무슨 일을 하든지 기본이 중요하다. 구원받은 성도들에게 기본은 무엇일까? 주일을 성수함으로 예배드리는 일, 내 모든 것을 하나님의 것으로 인정하는 십일조, 하나님을 사랑하고 이웃을 내 몸처럼 사랑하라는 명령, 땅 끝까지 이르러 복음을 전하라는 명령, 하나님께서 주신 은사를 따라 교회를 섬기는 일, 이 모든 일을 하기 위해 능력받고 은혜받는 일이다.

1) ①_____는 성도가 받을 영적 축복의 근본이다. 그리고 반드시 본 교회에서 예배를 드려야 한다.

출애굽기 20장 8절
안식일을 기억하여 거룩하게 지키라

○ **Guide**

> **주일성수의 의미**
> 주일을 성수한다는 것은 하나님께서 6일 동안 천지를 창조하셨음을 믿는 믿음이고, 주님께서 주일에 부활하셨음을 믿는 믿음이고, 한 주일을 모두 주님께 바친다는 신앙의 표현이다.

2) ②_____는 성도의 물질 축복의 근본이다.

말라기 3장 10절
만군의 여호와가 이르노라 너희의 온전한 십일조를 창고에 들여 나의 집에 양식이 있게 하고 그것으로 나를 시험하여 내가 하늘 문을 열고 너희에게 복을 쌓을 곳이 없도록 붓지 아니하나 보라

○ Guide

십일조는 내 모든 재산이 하나님께로부터 온 것과 하나님의 것임을 인정하는 행위이고 물질 축복의 기본이다. 십일조는 섬기는 교회에 하는 것이 원칙이다.

3) 하나님을 ③_____하고 네 이웃을 ③_____하라.

마가복음 12장 30-31절
네 마음을 다하고 목숨을 다하고 뜻을 다하고 힘을 다하여 주 너의 하나님을 사랑하라 하신 것이요 둘째는 이것이니 네 이웃을 네 자신과 같이 사랑하라 하신 것이라 이보다 더 큰 계명이 없느니라

○ Guide

구약성경을 요약한 것이 십계명이다. 십계명의 전반부가 하나님을 사랑하라는 것이며 십계명의 후반부가 이웃을 사랑하라는 것이다. 예수 그리스도의 가르치심과 실천의 모범도 사랑이다.

4) 우리 주 예수 그리스도의 마지막 명령이 복음 ④_____(선교)이다.

마태복음 28장 19-20절
그러므로 너희는 가서 모든 민족을 제자로 삼아 아버지와 아들과 성령의 이름으로 세례를 베풀고 내가 너희에게 분부한 모든 것을 가르쳐 지키게 하라 볼지어다 내가 세상 끝날까지 너희와 항상 함께 있으리라 하시니라

○ Guide

전도는 주님의 최후 명령이다.
모든 성도는 전도를 통해 구원받았다.
세상 사람들이 구원받는 유일한 통로는 전도이다.
전도는 모든 성도의 사명이다.
전도는 선교를 포함한다.
모든 전도대회에 참여하라.
개인전도 계획을 세워 전도하라.

5) ⑤_____를 따라 섬기라.

베드로전서 4장 10절

각각 은사를 받은 대로 하나님의 여러 가지 은혜를 맡은 선한 청지기 같이 서로 봉사하라

○ **Guide**

모든 성도들은 교회 생활을 하면서 하나님과 교회를 위해 봉사하며 살아야 한다. 성도들은 여러 종류의 봉사를 통해 신앙이 성장해 가며 신앙생활의 즐거움과 자기 발전을 이루어 간다.

봉사에는 주일학교나 중·고등부 교사, 성가대, 교회 청소, 구제, 선교 등 많은 종류가 있다.

봉사는 자원하는 마음으로 감사함으로 열심을 다해 지속적으로 한다.

봉사하고 싶은 분야를 목사님께나 전도사님께 말씀드리고 의논한 후에 한 가지 이상 봉사하도록 한다.

2 성도는 그리스도의 형상에 이르기까지 성장해야 한다

생명 있는 것들은 반드시 성장한다. 그리스도인들은 영생하는 하나님의 생명을 소유한 사람들이다. 모든 피조물의 생명 중에서 최고로 존귀한 생명을 소유한 것이다. 이 존귀한 생명을 살 성장시켜 예수 그리스도의 형상을 닮아가야 한다.

베드로후서 3장 18절
오직 우리 주 곧 구주 예수 그리스도의 은혜와 그를 아는 지식에서 자라 가라 영광이 이제와 영원한 날까지 그에게 있을지어다

1) ⑥_____에 속한 사람이 있다.

고린도전서 2장 14절
육에 속한 사람은 하나님의 성령의 일들을 받지 아니하나니 이는 그것들이 그에게는 어리석게 보임이요, 또 그는 그것들을 알 수도 없나니 그러한 일은 영적으로 분별되기 때문이라

유다서 1장 19절
이 사람들은 분열을 일으키는 자며 육에 속한 자며 성령이 없는 자니라

○ Guide

> 육에 속한 사람은 구원받지 못한 사람이다.
> 육에 속한 사람도 교회에 다닐 수는 있다.
> 육에 속한 사람은 사사건건 말썽을 부린다.
> 교회에서 결정적으로 말썽을 일으키는 사람은 육에 속한 사람이다.

2) ⑦_____에 속한 사람도 있다.

고린도전서 3장 1-3절

형제들아 내가 신령한 자들을 대함과 같이 너희에게 말할 수 없어서 육신에 속한 자 곧 그리스도 안에서 어린 아이들을 대함과 같이 하노라 내가 너희를 젖으로 먹이고 밥으로 아니하였노니 이는 너희가 감당하지 못하였음이거니와 지금도 못하리라 너희는 아직도 육신에 속한 자로다 너희 가운데 시기와 분쟁이 있으니 어찌 육신에 속하여 사람을 따라 행함이 아니리요

히브리서 5장 12-13절

때가 오래 되었으므로 너희가 마땅히 선생이 되었을 터인데 너희가 다시 하나님의 말씀의 초보에 대하여 누구에게서 가르침을 받아야 할 처지이니 단단한 음식은 못 먹고 젖이나 먹어야 할 자가 되었도다 이는 젖을 먹는 자마다 어린 아이니 의의 말씀을 경험하지 못한 자요

○ **Guide**

> 육신에 속한 사람은 젖먹이 신앙인이다.
> 육신에 속한 사람은 성장하지 못한 어린아이 신앙인이다.
> 육신에 속한 사람은 늘 젖만 찾아 교회를 옮겨다닌다.
> 육신에 속한 사람은 늘 세상유혹을 받는다.
> 육신에 속한 사람은 마귀의 공격대상이다.
> 육신에 속한 사람은 시간, 재물, 봉사로 하나님을 섬기는 일에 매우 인색하다.
> 육신에 속한 사람은 하나님께는 인색하나 자신을 위해서는 아낌없이 투자한다.
> 육신에 속한 사람은 시기, 분쟁, 편당에 앞장서고 이단의 유혹에도 잘 넘어간다.
> 육신에 속한 사람에게는 하늘의 상급이 없을 것이다.

3) 그리스도인은 ⑧_____한 사람이 되어야 한다.

고린도전서 3장 1-3절

형제들아 내가 신령한 자들을 대함과 같이 너희에게 말할 수 없어서 육신에 속한

자 곧 그리스도 안에서 어린 아이들을 대함과 같이 하노라 내가 너희를 젖으로 먹이고 밥으로 아니하였노니 이는 너희가 감당하지 못하였음이거니와 지금도 못하리라 너희는 아직도 육신에 속한 자로다 너희 가운데 시기와 분쟁이 있으니 어찌 육신에 속하여 사람을 따라 행함이 아니리요

히브리서 5장 12-14절
때가 오래 되었으므로 너희가 마땅히 선생이 되었을 터인데 너희가 다시 하나님의 말씀의 초보에 대하여 누구에게서 가르침을 받아야 할 처지이니 단단한 음식은 못 먹고 젖이나 먹어야 할 자가 되었도다 이는 젖을 먹는 자마다 어린 아이니 의의 말씀을 경험하지 못한 자요 단단한 음식은 장성한 자의 것이니 그들은 지각을 사용함으로 연단을 받아 선악을 분별하는 자들이니라

디도서 3장 10절
이단에 속한 사람을 한두 번 훈계한 후에 멀리하라

요한 2서 1장 9-11절
지나쳐 그리스도의 교훈 안에 거하지 아니하는 자는 다 하나님을 모시지 못하되 교훈 안에 거하는 그 사람은 아버지와 아들을 모시느니라 누구든지 이 교훈을 가지지 않고 너희에게 나아가거든 그를 집에 들이지도 말고 인사도 하지 말라 그에게 인사하는 자는 그 악한 일에 참여하는 자임이라

○ Guide

> 신령한 성도는 잘 성장하여 장성한 성도이다.
> 신령한 성도의 외적 기준은 주일성수, 십일조, 사랑, 기도, 전도, 봉사에 균형을 이루는 사람이다.
> 신령한 성도는 편당을 이루는 대신 모든 사람과 더불어 화목하다.
> 신령한 성도는 관심이 늘 교회에 있다.
> 신령한 성도는 한 교회를 깊이 섬긴다.
> 신령한 성도는 세상과 이단의 유혹에 넘어가지 않는다.
> 이단으로부터 피해, 전도받은 경험, 퇴치하는 법을 말해 보자.

3 목자와 양

교회 생활을 잘 하려면 목사의 하는 일이 무엇인지를 잘 아는 것이 아주 중요하다. 목사는 성도들이 하나님 나라의 복된 삶을 살아갈 수 있도록 인도하는 사람이다. 이를 위해 목사는 주님을 대신하여 성도들을 위해 기도하며, 성도들을 하나님의 말씀으로 양육한다. 교회는 하나님의 말씀으로 세워지고, 성도는 하나님의 말씀으로 성장한다. 목사는 하나님을 대신하여 하나님 말씀을 선포(설교)하는 일과 가르치는 일(교육)을 통해 교회와 성도를 세워 간다. 목사를 도와 함께 하나님의 교회를 세워 가도록 하자.

1) ⑨_____는 양을 알고 양은 목자를 안다.

> 요한복음 10장 27절
> 내 양은 내 음성을 들으며 나는 그들을 알며 그들은 나를 따르느니라

2) 양은 ⑨_____를 위해 기도한다.

> 골로새서 4장 3절
> 또한 우리를 위하여 기도하되 하나님이 전도할 문을 우리에게 열어 주사 그리스도의 비밀을 말하게 하시기를 구하라 내가 이 일 때문에 매임을 당하였노라

3) 양은 ⑨_____와 모든 좋은 것으로 같이 한다.

갈라디아서 6장 6절
가르침을 받는 자는 말씀을 가르치는 자와 모든 좋은 것을 함께 하라

○ Guide

담임목사는 예배를 인도하며, 하나님 말씀을 선포하고, 하나님 말씀을 가르치고, 복음을 전하고, 성도의 신앙과 개인 사정 문제를 의논하고, 교회행정을 처리하고, 교회조직을 다스리며, 성도들을 심방하고, 성도들을 위해 기도하고, 교인을 축복하고, 성례를 거행하는 등의 일을 한다.

담임목사를 돕기 위해 알아야 할 일

1. 매일 목사와 교회를 위하여 기도한다.
2. 목사와 신앙 및 가정 문제를 상담한다.
3. 가르친 말씀대로 순종하는 것이 하나님과 목사에게는 가장 큰 즐거움이다.
4. 목사는 토요일에 주일 준비를 위해 가장 바쁘다.
5. 목사는 재정보증인이 될 수 없다.
6. 교역자를 초청하여 특별예배를 드린다거나, 장례, 약혼 및 결혼 기타 행사를 위한 예배 시간은 목사와 미리 의논해야 한다.

4 은혜받아야 한다

성도는 은혜로 교회를 섬기고 세상을 살아야 한다. 성도에게서 은혜가 소멸되면 교회에서는 거치는 자가 되고 세상에서는 밟히는 소금만도 못하다. 하나님께서는 교회 안에 성도들이 은혜받을 수 있는 요소들을 예비해 놓으셨다.

1) ⑩_____을 통해 은혜받는다.

마태복음 4장 4절
예수께서 대답하여 이르시되 기록되었으되 사람이 떡으로만 살 것이 아니요 하나님의 입으로부터 나오는 모든 말씀으로 살 것이라 하였느니라 하시니

신명기 30장 20절
네 하나님 여호와를 사랑하고 그의 말씀을 청종하며 또 그를 의지하라 그는 네 생명이시요 네 장수이시니 여호와께서 네 조상 아브라함과 이삭과 야곱에게 주리라고 맹세하신 땅에 네가 거주하리라

○ **Guide**

> 어디를 가나 육신의 양식을 공급해 줄 음식점은 즐비하다. 우리는 육신의 생명을 보존하기 위해 본능적으로 육의 양식을 섭취한다. 성도들은 영의 양식인 하나님의 말씀을 본능적으로 취해야 한다. 영의 양식인 하나님이 말씀을 섭취하지 못한 성도는 하나님의 교회를 섬기기는 고사하고 자칫 교회의 훼방꾼이 되기 십상이다. 부지런히, 본능적으로 하나님의 말씀을 취하자!
>
> 성경공부에 부지런히 참여하자!!

2) 예수님의 몸이요 생명의 양식인 ⑪_____을 통해 은혜받는다.

요한복음 1장 14절

말씀이 육신이 되어 우리 가운데 거하시매 우리가 그의 영광을 보니 아버지의 독생자의 영광이요 은혜와 진리가 충만하더라

요한복음 6장 47-48절

진실로 진실로 너희에게 이르노니 믿는 자는 영생을 가졌나니 내가 곧 생명의 떡이니라

고린도전서 11장 23-24절

내가 너희에게 전한 것은 주께 받은 것이니 곧 주 예수께서 잡히시던 밤에 떡을 가지사 축사하시고 떼어 이르시되 이것은 너희를 위하는 내 몸이니 이것을 행하여 나를 기념하라 하시고

○ **Guide**

> 믿음으로 받으면 떡은 예수님의 몸이며, 잔은 예수님의 피다. 성도들이 예수님의 살과 피에 동참함으로 예수 안에 있는 확신을 얻고 능력을 받게 된다.

3) ⑫_____을 통해 은혜받는다.

에베소서 6장 18절

모든 기도와 간구를 하되 항상 성령 안에서 기도하고 이를 위하여 깨어 구하기를 항상 힘쓰며 여러 성도를 위하여 구하라

시편 113편 1-3절

할렐루야, 여호와의 종들아 찬양하라 여호와의 이름을 찬양하라 이제부터 영원까지 여호와의 이름을 찬송할지로다 해 돋는 데에서부터 해 지는 데에까지 여호와의 이름이 찬양을 받으시리로다

야고보서 5장 13절

너희 중에 고난 당하는 자가 있느냐 그는 기도할 것이요 즐거워하는 자가 있느냐 그는 찬송할지니라

○ **Guide**

하나님께서는 기도와 찬양을 통해 성도들이 세상을 은혜로 살고, 하나님과 교회를 잘 섬기며 살 수 있는 권능과 성령 충만을 선물로 주신다. 그래서 교회에는 찬양이 있고 기도회가 있다.

항상 기도하자!
새벽기도와 각종 기도 모임에 부지런히 참여하자!

5 본질을 지키며 세상의 변화를 이끌어 간다

인류가 상상도 하지 못했던 신세계가 펼쳐지고 있다. 4차산업혁명 시대, AI 시대, 전 세계적인 팬데믹 시대를 경험하고 있다. 이럴 때일수록 교회는 본질에 충실하면서 사회 변화를 주도해 나가야겠다.

1) 시대를 앞서가는 교회는 본질에 충실해야 한다. 교회의 본질은 예수 그리스도의 복음 곧 하나님 말씀을 기록한 대로 ⑬_____이다.

> **여호수아 1장 8절**
> 이 율법책을 네 입에서 떠나지 말게 하며 주야로 그것을 묵상하여 그 안에 기록된 대로 다 지켜 행하라 그리하면 네 길이 평탄하게 될 것이며 네가 형통하리라

2) 교회는 하나님을 사랑하고 이웃을 사랑해야 한다. 예나 지금이나 앞으로도 영원히 교회의 표지는 사랑이다. 하나님을 ⑭_____하고 이웃을 ⑭_____하자.

> **마태복음 22장 37-39절**
> 예수께서 이르시되 네 마음을 다하고 목숨을 다하고 뜻을 다하여 주 너의 하나님을 사랑하라 하셨으니 이것이 크고 첫째 되는 계명이요 둘째도 그와 같으니 네 이웃을 네 자신 같이 사랑하라 하셨으니

3) 교회는 인권 보호에 앞장서야 한다. 인간은 하나님의 ⑮_____으로 창조되었고, 성경의 구원은 영혼 구원과 함께 전인적인 구원이기 때문이다.

창세기 1장 26-27절
하나님이 이르시되 우리의 형상을 따라 우리의 모양대로 우리가 사람을 만들고 그들로 바다의 물고기와 하늘의 새와 가축과 온 땅과 땅에 기는 모든 것을 다스리게 하자 하시고 하나님이 자기 형상 곧 하나님의 형상대로 사람을 창조하시되 남자와 여자를 창조하시고

○ **Guide**

> 인권을 위해 생명권(전쟁, 집단학살, 낙태, 사형제도 등), 인간의 존엄과 가치, 행복 추구권, 평등권, 신체의 자유, 젠더, 양심과 종교의 자유, 학문과 예술의 자유, 사생활의 비밀과 자유, 주거 이전의 자유, 표현의 자유, 재산권, 생존권 등이 보호되어야 한다.

4) 교회는 환경보호에 앞장서야 한다. 하나님께서는 우리에게 창조세계를 정복하고 ⑯_____고 명하셨다. 진정한 구원은 인간과 더불어 창조세계의 완전한 회복이다.

창세기 1장 28절
하나님이 그들에게 복을 주시며 하나님이 그들에게 이르시되 생육하고 번성하여 땅에 충만하라, 땅을 정복하라, 바다의 물고기와 하늘의 새와 땅에 움직이는 모든 생물을 다스리라 하시니라

○ **Guide**

> 오늘날 환경문제는 수질오염, 대기오염, 토양오염, 해양오염, 원전 문제, 쓰레기처리 문제와 여러 가지 산업공해, 생태계 변질 등이 있다. 환경문제 해결을 위해 우리가 일상에서 할 수 있는 일들로 일회용품 쓰지 않기, 대중교통 이용하기, 합성세제 삼가기, 재활용품 사용하기, 물·전기 아껴 쓰기, 음식물 절제하여 버리지 않기 등이 있겠다.

5) 예수 그리스도의 구원은 총체적이다. 교회는 개인구원뿐만 아니라 사회구원에도 힘써야 한다. 하나님은 ⑰_____을 이처럼 사랑하사 독생자를 주셨다.

요한복음 3장 16절
하나님이 세상을 이처럼 사랑하사 독생자를 주셨으니 이는 그를 믿는 자마다 멸
망하지 않고 영생을 얻게 하려 하심이라

○ Guide

> 인간이 사는 이 땅을 행복한, 좋은, 자유와 평화를 누리지 못하는 억압에서 구
> 원, 이데올로기로부터 구원, 가난으로부터 구원, 테러로부터 구원, 기본적 생활,
> 폐기물, 종교적인 분쟁에서 구원, 인구, 출산, 낙태, 젠더, 자살, 분리의 영(남북,
> 부자, 남녀, 동서, 빈부)으로부터의 구원을 위해 힘써야 하겠다.

(해답)

① 주일성수 ② 십일조 ③ 사랑 ④ 전도 ⑤ 은사 ⑥ 육 ⑦ 육신 ⑧ 신령

⑨ 목자 ⑩ 말씀 ⑪ 성만찬 ⑫ 기도와 찬양 ⑬ 지켜 행하는 것 ⑭ 사랑

⑮ 형상 ⑯ 다스리라 ⑰ 세상

일곱 번째 만남을 마치면서

1. 이번 과를 공부하고 나서 느낀 점을 말해 보세요.

2. '나는 이제 이렇게 교회를 섬겨야겠다'는 다짐을 함께 나누어 보고 기록해 봅시다.

부록

교회생활 잘하기

교회를 섬기는 목사, 장로, 모든 임직원의 자격

1. 복음주의 영성(구원, 교회, 성령, 선교)을 견지해야 한다.
2. 구원의 확신이 분명해야 한다.
3. 성령을 대망하고, 항상 성령으로 충만해야 한다.
4. 순교적인 사명으로 교회를 섬겨야 한다.
5. 선교적인 비전이 분명해야 한다.

교회를 섬기는 분들

목사(牧師)

교회 생활을 잘 하려면 목사가 무엇을 하는 분인지를 잘 알아야 합니다. 목사는 성도들이 하나님 나라의 복된 삶을 살아갈 수 있도록 인도하는 사람입니다. 이를 위해 목사는 하나님의 종으로 주님을 대신하여 성도를 위해 기도하고, 하나님의 말씀으로 성도를 양육하며 교회를 섬기는 사람입니다.

교회는 하나님의 말씀으로 세워지고, 성도는 하나님의 말씀으로 성장합니다. 목사는 하나님을 대신하여 하나님 말씀을 선포(설교)하는 일과 가르치는 일(교육)을 통해 교회와 성도를 세워 갑니다. 목사를 도와 함께 하나님의 교회를 세워 가도록 합시다.

담임목사가 하는 일

예배를 인도하며, 하나님 말씀을 선포하고, 하나님 말씀을 가르치고, 복음을 전하고, 성도의 신앙과 개인 사정 문제를 의논하고, 교회행정을 처리하고, 교회 조직을 다스리며, 성도들을 심방하며 위해 기도하고, 교인을 축복하고, 성례를 거행하는 등의 일을 합니다. 성도 가정이나 개인적으로 의논할 일이 있으실 때는 찾아오셔서 만나거나 전화하여 주시기 바랍니다.

담임목사를 돕기 위해 알아야 할 일

1. 매일 목사와 교회를 위하여 기도하며,
2. 목사와 신앙 및 가정 문제를 상담하며,
3. 성도들이 가르친 말씀대로 순종하는 것이 하나님과 목사에게는 가장 큰 즐거움입니다.
4. 목사는 토요일에 주일 준비를 위해 가장 바쁩니다.
5. 목사는 재정보증인이 될 수 없습니다.
6. 교역자를 초청하여 특별예배를 드린다거나, 장례·약혼 및 결혼 기타 행사를 위한 예배시간은 목사와 미리 의논하시고 결정합시다.

전도사(傳道師)

전도사는 담임목사를 도와서 그 교회를 시무하는 교역자이며 주로 심방과 전도, 교육 등 교회 사역의 한 부분을 담당합니다.

장로(長老)

장로는 목사를 도와서 교회의 행정과 치리(治理)를 담당하는데 성도들을 사랑하며, 성도들의 영적 성장을 살피고, 성도들을 이단으로부터 보호하고, 교회와 성도들을 위해 기도에 힘쓰고, 성도들에게 선교 비전의 본을 보이며, 성도를 위로하고 권면하여 교회와 성도들의 분쟁 요소를 없애며, 성도들이 신앙생활을 잘할 수 있도록 돕는 일을 합니다.

안수집사(執事) · 권사

성령의 기름부으심으로 성령충만하고, 지혜로우며, 기도에 힘쓰고, 재정을 위해 헌신하며, 선교에 앞장서며, 사랑으로 성도들을 권면하고 섬기며, 교회 안에 각종 봉사의 일을 맡아 수고하는 직분을 맡은 분들입니다.

집사 · 권찰

성령으로 기름부음 받아, 성령 충만하며, 기도와 전도에 힘쓰며, 목사를 도와 가난한 사람, 병든 사람, 그 밖에 어려움을 당하는 사람들을 방문하고 위로하며 저들의 신앙을 격려하고 전도의 일을 하는 분들입니다.

교회의 조직

교회의 모든 조직, 위원회, 단체는 세상 조직과 구별됩니다. 교회의 조직이나 위원회는 은사와 사명을 따라 자유롭게 봉사하는 것이 원칙입니다. 교회의 머리는 예수 그리스도시며 우리 성도들은 그 몸에 딸린 지체들입니다. 그러므로 교회의 모든 조직에 속한 분들은 기도에 힘써서 성령충만해야 하고 목사님을 중심으로 일치 연합하여 교회와 성도들을 섬겨야 합니다. 교회는 성령의 역사와 선교적 사명에 제한하지 말고 앞장서야 합니다.

당회(當會) · 기획위원회

당회란 교회의 제반 문제 즉 행정과 치리 기타 모든 사항을 관할하는 기관입니다. 당회는 교인들의 신앙생활을 살피며 성례식, 예배를 주관하고 교회 직원을 임명하며, 범죄자를 치리하며, 교회의 재산 관리를 맡아봅니다. 그 밖에도 모든 행정적인 문제들을 맡아 결정하고 시행하는, 교회의 최고 기관입니다.

제직회 · 임원회

제직회란 그 교회의 직분 맡은 자들의 전체회입니다. 여기에는 목사, 장로, 집사, 권사, 전도사 등이 다 포함됩니다. 이 제직회는 주로 교회의 문제를 의결 처리하며 각종 봉사 활동을 담당하는 회입니다. 보다 능률적인 활동을 위해 필요에 따라 여러 부서를 둘 수 있습니다(서무부, 재정부, 전도부, 선교부, 교육부, 섭외부, 구제부 등).

여전도회 · 여선교회

교회 안에 여성들로 조직된 회로써 자치적으로 교회 안의 모든 섬기는 일에 앞서며, 다른 기관들을 잘 돌보며, 전도와 봉사 활동을 주로 합니다.

남전도회 · 남선교회 · 청장년회

교회 안에 남성들로 조직된 회로써 교회 여러 기관과 긴밀하게 협력하며 구성원들을 잘 돌보고, 교제에 힘쓰며, 전도와 봉사활동을 합니다.

청년회

교회 안에 있는 미혼, 젊은 남녀 청년들로 구성된 자치 기관입니다. 교회와 사회의 가교역할을 위해 힘쓰며, 기도에 힘쓰며, 선교에 헌신합니다.

학생회

교회 안에 학생들로(중학교 이상 대학) 구성된 자치 기관입니다. 학생들은 말씀을 배우기에 힘쓰고, 신앙의 선배들을 존경하고 잘 따라야 합니다.

성가대

구원의 확신이 분명하고, 기도에 힘써 성령충만한 분들이 찬양과 성가로 예배를 도와 하나님께 영광을 드리며 기타 봉사활농을 합니다.

교회학교

교회 안에도 학교가 있습니다. 전반적인 기독교교육과 성경공부를 위해 연령별로 구분하여 영아부, 유치부, 유년부, 초등부, 중등부, 고등부, 대학부, 청년부, 장년부 등으로 나눕니다. 교회학교를 맡은 분들은 신앙의 대를 이어가는 중요한 역할을 담당하는 분들이기 때문에 사랑으로 학생들을 돌보며, 성경공부와 기도에 힘써야 합니다.

속회 · 구역예배

교회의 가장 중요한 조직이며, 속장(구역장, 순장)은 최고의 섬김 리더십을 갖추어야 합니다. 속회(구역)는 지역을 중심으로 12명 이내로 구성되며 매주 금요일 또는 정한 날 구성원들의 가정을 차례로 방문하여 예배와 기도, 교제를 나누면서 작은 교회로서의 기능을 담당합니다.

속회 · 구역예배 주의사항

과다한 대접을 금하고, 대접 준비한다고 예배를 소홀히 하지 말고, 지나친 농담이나 남을 흉보는 말을 삼가고, 성도들을 위로하고, 기도와 전도, 구제에 힘쓸 것입니다.

속장 · 구역장 · 순장

하나님을 대신하고, 목회자를 대신하여, 속 · 구역 · 순을 맡아서 돌보며 섬기는 사람입니다. 성도는 이 분들을 존경하고, 이 분들이 사역을 잘할 수 있도록 힘써 도우며, 이 분들에게 순종해야 합니다.

권찰 · 부속장

속장 · 구역장을 도와 구역 일을 하는 사람입니다.
속원 · 구역원들은 이 분들에게 영적 도움을 받을 수 있습니다.

심방

성도의 가정을 방문하는 것을 교회에서는 심방이라고 합니다. 심방의 목적은 심방받는 사람들이 신앙생활을 잘 하도록 이끌어 주며 어려운 일을 당할 때는 그 어려움에서 벗어나도록 상담이나 기도로 도와주려는 것입니다.

교회에 처음 나온 분들은 심방을 온다고 하면 막연히 걱정이나 부담감을 갖기도 하는데 위에서 말한 심방의 목적을 생각하면 그런 것을 걱정할 필요는 없으며, 오히려 자주 심방을 받는 것이 신앙 성장에 도움이 됩니다.

심방을 받았을 때는 하던 일을 멈추고, 집안의 분위기를 조용히 하고, 마음을 정돈하고 진지한 마음으로 대화하고 기도하는 것이 유익하며, 믿지 않는 식구가 있다면 그들에게도 함께 예배를 드리게 합니다. 심방을 원할 때는 속장(구역장)에게 부탁하거나 직접 목회자에게 연락하면 됩니다.

가정예배

세상에서 가장 아름답고 소중한 곳이 가정입니다. 가정은 작은 하나님 나라이며 교회입니다. 성도 가정이 복을 받으려면 가정예배를 드려야 합니다. 가정예배는 교회의 예배처럼 형식을 따르지 않아도 됩니다. 함께 찬송하고 기도하는 것도 훌륭한 가정예배가 됩니다.

교회에서 사용하는 용어

아멘 (אָמֵן, ἀμήν, Amen)

'아멘'이란 히브리 말로 '그렇게 되옵소서' 혹은 '진실로'의 뜻으로 자신이 기도하는 것을 '꼭 이루어 주실 줄 믿습니다.' 하는 확인인 동시에 타인이 기도할 때 '나도 과연 그렇게 믿습니다.'라는 동의와 응답의 표시입니다. 예배의식 중 기도문의 마지막에는 언제나 아멘으로 화답하게 되어 있습니다.

할렐루야 (הַלְלוּיָהּ, ἀλληλούϊα, halleluyah)

'찬양하다'라는 뜻의 '할렐루(hallelu)'와 하나님이란 뜻의 '야훼(Yahweh)'를 축약한 '야(yah)'를 합친 말로, '너희는 여호와를 찬양하라'라는 뜻의 히브리 말입니다. 하나님을 찬양하는 것이 성도의 마땅한 본분이므로 우리는 언제나 할렐루야로 하나님을 찬양해야 할 것입니다.

호산나 (הוֹשַׁענָּא, Hosanna)

'이제 우리를 구원하옵소서'라는 뜻의 히브리 말입니다.

임마누엘 (עִמָּנוּאֵל, Immanuel)

'하나님이 우리와 함께 계시다'라는 뜻입니다. 예수님을 마음에 영접한 성도의 마음속에는 언제나 하나님이 임마누엘로 계십니다.

샬롬(שׁלוֹם, Shalom)

'평안'이란 뜻의 히브리 말로써 이스라엘 백성의 인사말입니다. "평안하십니까?"라는 의미입니다.

메시아(מָשִׁיחַ, Messiah) 그리스도(Christ, Χριστός)

'기름 부음 받은 자'라는 뜻이며 구세주인 예수를 가리키는데 이미 구약시대부터 왕, 제사장, 선지자에게는 임직하는 의식에서 기름을 부었습니다. 예수님은 신령한 의미에서 이 세 가지 직능을 모두 가지신 분입니다. 메시아는 히브리 말이고, 그리스도는 헬라 말로써 같은 뜻입니다.

양육시리즈2 (교회론)

내가 사랑하는 교회

초판 1쇄 발행 2022년 1월 10일

지은이 이 규 학
펴낸이 이 규 학

펴낸곳 둘셋손잡고
등록 2019년 5월 24일 제 353-2019-000010호

주소 인천광역시 남동구 문화서로 65번길 10-5 1층 (구월동)
이메일 seunglee1218@nate.com
☎ 032) 421-1311

정가 7,000**원**

판권 본사 소유

ISBN 979-11-91513-03-5-13230

잘못된 책은 바꾸어 드립니다.